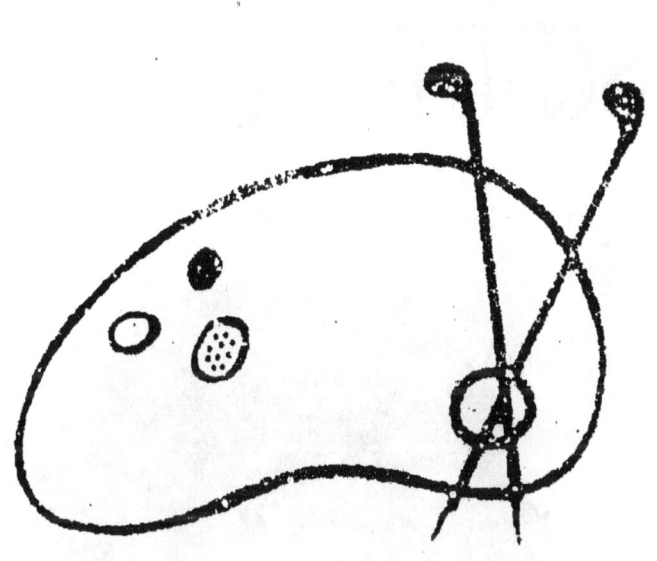

Début d'une série de documents en couleur

BONS AUTEURS A 1 FRANC LE VOLUME

XAVIER DE MONTÉPIN

SŒUR SUZANNE

II

PARIS
A. DEGORCE-CADOT, ÉDITEUR
9, RUE DE VERNEUIL, 9

A l'étranger 1 fr. 25 et par poste

1.^{FR}

LA VIE PROLONGÉE

CONSEILS AUX GENS DU MONDE

AGE CRITIQUE — NOUVELLE JEUNESSE

PAR

LE DOCTEUR GUYÉTANT

Chevalier de la Légion d'honneur,
Membre de l'Académie de médecine de Paris, etc., etc.

A. DEGORCE-CADOT

ÉDITEUR

9, rue de Verneuil

PARIS

Envoi franco : 1 fr. 25 c.

F. Aureau. — Imprimerie de Lagny

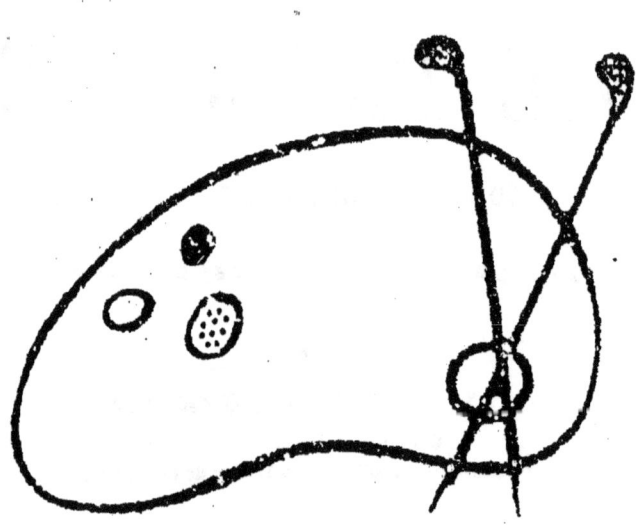

Fin d'une série de documents en couleur

SŒUR SUZANNE

II

LIBRAIRIE DEGORCE-CADOT

COLLECTION DES BONS AUTEURS
à 1 fr. le volume

Étranger et par Poste, *franco*, **1 fr. 25**

GUSTAVE AIMARD
Le Lion du Désert...... 1 vol.

ÉLIE BERTHET
Le Nid de Cigognes..... 1 vol.
Les Mystères de la famille 1 vol.
L'Étang de Précigny..... 1 vol.
Le Garde-Chasse........ 1 vol.
Le Roi des Ménétriers... 1 vol.

CHAMPFLEURY
La Succession Le Camus. 1 vol.

ERNEST CAPENDU
Marcof-le-Malouin....... 1 vol.
Le Marquis de Loc-Ronan 1 vol.

CHARLES DESLYS
La Jarretière rose....... 1 vol.
L'Aveugle de Bagnolet.. 1 vol.
Simples Récits.......... 1 vol.

ARMAND DURANTIN
Mariage de Prêtre....... 1 vol.
Un Jésuite de robe courte 1 vol.

Marquis DE FOUDRAS
Les Deux Couronnes.... 1 vol.
Soudards et Lovelaces... 1 vol.
Tristan de Beauregard.. 1 vol.
Les Gentilshommes chasseurs................. 1 vol.

DE GONDRECOURT
Médine................ 2 vol.

HENRY DE KOCK
Les Amoureux de Pierrefonds................. 1 vol.
Les Mystères du Village. 2 vol.

Ninie Guignon.......... 1 vol.
Une Coquine........... 1 vol.
La Fée aux Amourettes.. 1 vol.
Ma Petite Cousine...... 1 vol.
Marianne.............. 1 vol.
Les Quatre baisers..... 1 vol.
Je me tuerai demain.... 1 vol.
Mlle Croquemitaine...... 1 vol.
Qui est le Papa ?....... 1 vol.

ALEX. DE LAVERGNE
Le Comte de Mansfeld... 1 vol.
La Recherche de l'inconnue............... 1 vol.

XAVIER DE MONTÉPIN
La Sirène.............. 1 vol.
Les Amours d'un fou.... 1 vol.
La Perle du Palais-Royal. 1 vol.
Sœur Suzanne.......... 2 vol.
Les Viveurs d'autrefois.. 1 vol.
Les Valets de Cœur..... 1 vol.
Un Drame en famille.... 1 vol.
La Duchesse de la Tour-du-Pic............... 1 vol.
Mam'zelle Mélie........ 1 vol.
Amour de grande dame.. 1 vol.
L'Agent de police...... 1 vol.
La Traite des Blanches.. 1 vol.

LOUIS NOIR
Jean Chacal............ 1 vol.

B.-H. RÉVOIL
Chasses et Pêches de l'autre monde........ 1 vol.

ADRIEN ROBERT
Léandres et Isabelles.... 1 vol.

A partir d'Octobre 1879, la Collection s'augmentera mensuellement de deux ou trois volumes d'Auteurs choisis.

F. Aureau. — Imp. de Lagny

XAVIER DE MONTÉPIN

SŒUR

SUZANNE

TOME SECOND

PARIS

A. DEGORCE-CADOT, ÉDITEUR

9, RUE DE VERNEUIL, 9

Tous droits réservés

PREMIÈRE PARTIE

LA CHASSE AUX CHIMÈRES

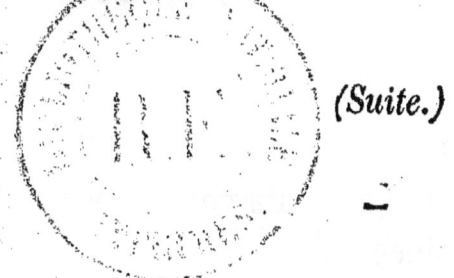

(Suite.)

XXXVI

LE MANUSCRIT.

En parlant ainsi, Ernest présentait à Melon Petit-Daudet le rouleau formé par son manuscrit, comme on présente à un ennemi le canon d'un pistolet.

Ce rouleau produisit sur le directeur à peu près le même effet qu'une arme chargée jusqu'à la gueule.

Il l'écarta de lui avec un effroi visible, dont Ernest ne tint nul compte, et ne s'aperçut même pas.

— Est-ce votre premier ouvrage, cette pièce ? — demanda Melon.

— Oui, monsieur.

— Est-ce tiré de quelque roman en vogue ?...
— C'est tiré d'un roman de moi.
— Publié ?
— Non, monsieur, encore inédit...
— Vous avez un collaborateur, sans doute?...
— Aucun.
— Mais vous en demandez un ?...
— Non, monsieur...
— Ah! diable !... ah çà ! mais vous la croyez donc bien bonne, votre pièce?...
— Oui, monsieur, — répondit Ernest, avec un aplomb d'amour-propre imperturbable.
— Quel titre lui donnez-vous?
— *Comment les femmes se perdent.*
— Tiens! — ça ne ferait pas une trop mauvaise affiche, ce titre-là. — Combien d'actes?
— Cinq, et un prologue.
— Mauvaise coupe !...
— Pourquoi ?
— C'est trop long! Si la pièce ne fait pas d'argent, — ou quand elle n'en fait plus, — on ne sait de quelle façon composer son spectacle... — Mettez donc, avec ça, une pièce en trois actes pour corser l'affiche!... Impossible!... ça n'en finirait pas!...

Ernest écoutait avec un morne accablement.

Le directeur reprit :

— Vous ne pourriez pas, au besoin, supprimer le prologue et mettre la pièce en trois actes ?...

— Impossible.

— Ah ! fichtre !... — c'est fâcheux !... — Votre ami *** (le feuilletonniste) connaît-il la pièce ?

Ernest crut pouvoir se permettre un léger mensonge.

— Oui, monsieur, — répondit-il, — il la connaît, et, ainsi qu'il vous l'écrit, il trouve que c'est une chose remarquable et qui fera beaucoup d'argent... Il doit en dire quelques mots lundi...

— Parfait ! parfait !... — Eh bien, nous verrons...

Ernest avait dénoué le ruban rose qui scellait le rouleau.

Il déployait son manuscrit.

— Si vous voulez, monsieur... — dit-il.

— Quoi ?

— Me prêter votre attention...

— Dans quel but ?

— Je vais vous lire ma pièce.

— Y pensez-vous !... — s'écria Melon avec épouvante.

— Mais il me semble...

— Jamais, au grand jamais, je n'écoute une pièce !... — tous les auteurs savent cela !...

— Comment faites-vous donc ?

— Je lis moi-même... à tête reposée... dans le silence du cabinet... — une lecture faite à haute voix me distrait... — Je ne puis juger du mérite de l'œuvre... — Autrefois, dans mon autre direction, j'avais pris un jour pour entendre les lectures, — mais cela me rendait malade... j'ai dû y renoncer... — Laissez-moi votre manuscrit, je l'examinerai avec soin.

— Bientôt ?

— Voyons, quel jour est-ce aujourd'hui ?

— Jeudi.

— Eh bien, venez lundi, — j'aurai lu.

— Lundi ?

— Oui.

— A quelle heure ?

— Ah! voilà... Dans le jour j'ai si peu de temps à moi... — venez le soir, à neuf heures, pendant le spectacle...

— La portière du théâtre me laissera-t-elle monter ?...

— Oui... oui... — prévenez-la, en sortant, que je vous ai donné rendez-vous... — Si vous voyez ***, ne manquez pas de lui faire mes compliments et de lui dire que je désire vivement lui être agréable...

— Vous ne feriez pas mal de l'engager, de votre chef, à dire du bien de toutes mes pièces... —

Qu'est-ce que ça peut lui faire ?... et, à moi, ça me rend service...

Ernest prit congé de Petit-Baudet, et se retira, attendant avec une vive impatience le jour et l'heure du rendez-vous.

§

Le lundi suivant, le feuilleton que signait ***, dans un grand journal, se terminait par ce petit paragraphe :

« Nous avons une bonne nouvelle à annoncer à nos lecteurs. — Un écrivain dont le nom ne tardera guère à prendre une place distinguée dans la pliéade de la jeune littérature contemporaine, M. Ernest Pichat de la Chevalière, vient de mettre la dernière main à une pièce remarquable sous le triple rapport de l'intérêt dramatique, — de la consciencieuse et profonde étude des passions et des caractères, — et, enfin, du style. — Cette pièce, de longue haleine et d'une haute portée philosophique et morale, est intitulée : *Comment les femmes se perdent!* — C'est un beau titre, et qui promet une belle œuvre. — Nous ne savons encore à quel théâtre cette pièce est destinée. — Nous souhaiterions que son auteur la portât à M. Melon Petit-Baudet, le jeune et intelligent directeur du ***. — Un drame de ce genre obtiendrait à ce théâtre, vraisemblablement, un fort grand succès. »

On voit que le critique bon garçon avait largement tenu la promesse faite par lui au dîner de la Maison-d'Or.

§

A neuf heures moins quelques minutes, Ernest arrivait au théâtre.

La portière le reconnut et le laissa passer sans difficulté.

Il avait fait une toilette exorbitante, — le plus beau camélia du monde s'épanouissait à sa boutonnière.

Les poches de son habit étaient bourrées d'une douzaine de numéros du journal qui contenait la louangeuse réclame que nous avons citée plus haut, et qu'il comptait distribuer à tous ses amis.

Ernest arriva à la porte du cabinet directorial.

Cette porte était fermée.

Le jeune homme, ne sachant comment se la faire ouvrir, s'adressa à un garçon d'accessoires:

— Ah! — lui répondit ce garçon, — M. le directeur est occupé avec madame ***, — on ne peut pas lui parler...

— C'est qu'il m'attend... — répliqua Ernest, — il m'a donné rendez-vous à neuf heures...

Et, tirant sa montre, il ajouta :

— Il est neuf heures trois minutes.

— M. le directeur a défendu de le déranger quand il était avec une de ces dames ; mais si monsieur veut entrer un instant au foyer ou dans les coulisses, je le préviendrai aussitôt que M. le directeur pourra le recevoir...

Ernest n'avait pas d'autre parti à prendre que celui qu'on lui proposait.

— Où est le foyer ? — demanda-t-il au garçon d'accessoires.

— Monsieur n'a qu'à pousser cette porte.

Ernest le fit et entra.

Ceci se passait pendant l'entr'acte qui avait lieu entre le second et le troisième acte d'une pièce dite : *pièce à femmes.*

On sait en quoi consistent ces pièces, dont Clairville a eu pendant bien longtemps le monopole, et que les Anglais appellent avec raison des *exibitions.*

Peu ou pas d'intrigue, — beaucoup de couplets, — quelques airs nouveaux, — des danses un peu plus que grivoises, — de la gaze, — des fleurs, — des rubans, un grand nombre d'actrices jeunes et jolies (cela est indispensable), et, surtout, aussi dévêtues que possible, — voilà.

Plus les pièces de ce genre rappellent les fameux *tableaux vivants*, et plus elles ont de succès.

On a bien raison de dire que nous vivons dans un siècle infiniment moral !...

Nos ancêtres de la Régence s'amusaient beaucoup aux pièces graveleuses de Collé, jouées par des femmes à peine gazées.

Mais, au moins, de semblables spectacles avaient lieu à huis clos, dans de petites maisons destinées à l'orgie et à ses suites.

On n'étalait point, en plein théâtre, ces nudités cyniques, avec approbation de messieurs les censeurs.

Et, — nous le demandons aux juges les moins sévères, — croit-on que la Régence ait exhibé, après boire, une plus obscène turpitude que *Daphnis et Chloë*, cette pastorale représentée, au Vaudeville, avec un succès d'orchestre et d'avant-scènes ?

Au moment où Ernest entra au foyer, ce foyer était encombré de toute la troupe féminine du théâtre.

Quelques-unes de ces dames, debout devant la psyché ou devant la glace de la cheminée, faisaient bouffer les plis de gaze de leurs jupes transparentes, — lissaient leurs bandeaux, — ajustaient un ruban ou une fleur.

Quelques-unes ébauchaient les pas principaux d'une danse digne de la Chaumière ou de Valentino.

Des acteurs et des auteurs étaient assis sur les larges divans du foyer.

Le régisseur de la scène allait et venait d'un air affairé.

Les conversations se croisaient, bruyantes et vives, et les répliques qu'on entendait, çà et là, n'étaient pas beaucoup moins décolletées que les costumes.

En entrant dans ce foyer, vivement éclairé, — en respirant cette atmosphère épaisse, chargée des parfums violents de toutes ces femmes, — en voyant de près ces baladines, fardées comme des pastels, et pour lesquelles tant d'imbéciles aspirent à se ruiner, Ernest se sentit étourdi.

Il ne savait s'il devait avancer ou reculer, marcher ou s'asseoir.

Il avait l'air prodigieusement gauche, et il le sentait.

Son entrée, du reste, fit sensation.

Personne, au théâtre, ne connaissait Ernest.

Sa jeunesse et son costume ultra-élégant permettaient de supposer qu'il faisait partie de ces étourneaux, qui, de temps à autre, alléchés par la perspective d'obtenir leurs entrées dans les coulisses, commanditaient de quelques billets de mille francs le directeur dans l'embarras.

Or, ces jeunes commanditaires étaient fort appréciés de ces dames, sur lesquelles les billets de banque exercent une attraction toute puissante.

Plus d'une d'entre elles se sentait donc disposée à lui faire de bienveillantes agaceries, quand un coup de sonnette retentit.

En même temps, la porte du foyer s'ouvrit, et une grosse voix cria :

— Messieurs, mesdames, on commence...

En moins d'une seconde, toutes les actrices avaient disparu, — on n'entendait plus que le froufrou des jupes de gaze dans les corridors, et les sons lointains de l'orchestre arrivaient, voilés et interrompus.

Deux ou trois auteurs et Ernest restaient seuls en possession du foyer.

XXXVII

AU FOYER.

L'un des auteurs, vieillard à cheveux blancs et à figure morose, — le plus gai peut-être de nos vaudevillistes, — demanda tout haut :

— Qu'est-ce que fait la pièce nouvelle ?

— Pas un sou, — répondit quelqu'un.

— Alors, ce soir, il n'y a pas de recette ?

— Mille francs, tout au plus.

— Diable ! ça va mal !...

— Très-mal.

— Ces demoiselles étalent cependant pour plus de mille écus de chair blanche et rose...

— Que voulez-vous ? le public se lasse... — Des épaules et des mollets, c'est toujours la même chose après tout, — il lui faudrait des pièces corsées...

— Et on ne lui donne que des corsets... — répliqua l'auteur à la figure triste, en riant.

— C'est un mot !...

— Oh! assez mauvais.

— Lauzanne ne serait pas de cet avis!

— A-t-on payé ce matin?

— Non.

— Que disent les acteurs?

— Les gros bonnets se fâchent et refusent de jouer... — Cependant on a promis de l'argent pour le cinq, et ils ont consenti à attendre jusque-là.

— De l'argent!— Où en prendra-t-on? Ce n'est pas sur les recettes qu'il faut compter puisqu'elles ne couvrent pas les frais...

— Ah! on parle d'une combinaison...

— Laquelle?

— Je ne sais les choses qu'assez vaguement..

— Dites toujours.

— Eh bien! il est question d'un diplomate excessivement riche, dont la maîtresse a la toquade du théâtre. — Cette demoiselle veut entrer ici pour y jouer les premiers rôles... Le diplomate verserait alors à la caisse une somme assez ronde...

— Après tout, c'est possible, — ce qui n'empêche pas que je regarde ce théâtre comme fini, avec une direction pareille...

— Bah! pour se relever, il ne faut qu'une chance...

— Oui, mais ces chances-là ne se présentent guère.

— Rappelez-vous où en était le Vaudeville quand

on a donné *la Propriété c'est le Vol*, et, plus tard, *la Dame aux Camélias*...

— C'est vrai... mais le gros Bouffé est mort, — et il avait son étoile, celui-là !...

Ernest n'en entendit pas davantage.

Le garçon d'accessoires vint le prévenir que Melon Petit-Baudet l'attendait.

Il sortit du foyer, emportant la conviction que cette pièce *corsée* qui sauverait le théâtre, c'était *Comment les Femmes se perdent!*

Le directeur lui ouvrit la porte de son cabinet, et dit au garçon d'accessoires :

— Joseph, je n'y suis pour personne... vous entendez, personne...

— Oui, monsieur.

Melon referma la porte, poussa un petit verrou intérieur, et revint s'asseoir dans son fauteuil directorial.

Il offrit un cigare à Ernest, et, après avoir allumé le sien, il garda le silence pendant quelques secondes.

Le manuscrit du jeune homme était étalé sur le bureau.

Ernest sentait son cœur battre, à rompre sa poitrine.

Voyant que le silence de Melon se prolongeait, il prit son courage à deux mains.

— Eh bien, monsieur, — dit-il timidement, — avez-vous lu ?

Le directeur fit de la tête un signe affirmatif, sans desserrer les dents autrement que pour laisser s'échapper du coin de sa bouche une spirale de fumée blanche.

— Et, — poursuivit Ernest, — comment trouvez-vous ma pièce ?...

Petit-Baudet sortit de sa muette immobilité.

— Monsieur, — dit-il au jeune homme, — vous m'inspirez le plus vif intérêt...

Ernest s'inclina.

— Je trouve en vous les germes d'un grand talent... vous serez un jour un de nos écrivains les plus distingués... — reprit Melon.

Ernest s'inclina de nouveau, plus profondément que la première fois.

Le directeur poursuivit :

— Et puis, vous êtes jeune... — je suis jeune aussi, moi... — nous sommes jeunes tous deux, et j'aime la jeunesse... — Oh! la jeunesse !... la jeunesse !...

Melon s'anima.

Ses yeux de faïence jetèrent un pâle éclat, et il déclama prétentieusement les vers suivants, que, par un hasard que nous ne nous chargeons point d'expliquer, il avait retenus, sans doute pour les appliquer en pareille circonstance :

> Oh ! la noble jeunesse, en grands pensers féconde,
>   La jeunesse aux élans de feu !...
> La vieillesse morose est la fille du monde !...
>   La jeunesse est fille de Dieu !...(*)

— Quelle jolie chute de couplet !... — ajouta-t-il.

— Cela est fort beau, — répondit Ernest.

— Me permettez-vous une question ? — demanda Melon.

— Mais, comment donc, monsieur... — faites.

— Eh bien, êtes-vous riche?

— La fortune de mon père est considérable.

— Et, sur les revenus de cette fortune, il vous fait sans doute une large part?...

— Plus que suffisante, au moins... — Mais j'avoue que je ne comprends pas très-bien...

— Pourquoi je vous demande cela ?

— C'est vrai.

— Toujours par suite de l'intérêt que vous m'ins-

(*) Ces beaux vers sont de M. Louis de Ronchaux, jeune poète franc-comtois d'un grand talent. — Nous sommes fâché de les faire citer par une bouche aussi vulgaire.

pirez, vous, votre talent et votre jeunesse... — Il est bien plus facile d'arriver quand on a de la fortune... — Combien de belles œuvres la misère n'a t-elle pas fait avorter !... — et, tenez, dans ce moment même, il est heureux pour vous d'être riche...

— Heureux, — sans doute, mais pourquoi dans ce moment plutôt que dans tout autre ?...

— Vous allez comprendre. — J'ai là votre manuscrit, ainsi que je vous le disais tout à l'heure...

— Et vous en êtes content ?...

— C'est superbe !...

— Vrai ! — s'écria Ernest, transporté de joie.

— Très-beau !... très à effet !... — Du sentiment, — de la vérité, — du style... — Je crois à un succès... malgré l'excessive longueur de la pièce...

— Ainsi, monsieur, vous recevrez mon drame ?

— A peu près.

— Comment ?...

— Il y a des frais à faire...

— Des frais ?

— Oui.

— Mais l'action se passe de nos jours, — avec des costumes de ville, — et la pièce peut se jouer dans tous les décors que vous avez au magasin...

— C'est ce qui vous trompe... — J'entends ces choses-là mieux que vous, moi qui suis directeur...

peut-être bien... — Il faut des costumes de chasse, très-élégants, pour la première partie du prologue... — il faut une robe de mariée, — des toilettes de bal pour les figurantes... etc.., etc..., etc..., et cent autres petits détails, dont l'énumération serait trop longue... — J'ai fait un travail là-dessus, et j'ai estimé, à cent sous près, à combien se monteraient les frais dont je vous parle...

— Et, le chiffre ?...

— Deux mille francs.

— Ce n'est pas énorme.

— Sans doute, mais dans ce moment, les affaires théâtrales ne vont pas bien, — nous sommes dans un moment de crise, — je ne fais pas de recettes, — j'ai fort peu d'argent en caisse. — Clairville m'a ruiné pour les maillots et les jupes de la dernière pièce. — Bref, il m'est absolument impossible de dépenser deux mille francs pour monter votre drame.

Ces paroles tombèrent, comme un coup de massue, sur la tête d'Ernest.

— Comment donc faire ? — murmura-t-il.

— Rien n'est plus simple...

— Vous trouvez ?

— Pardieu !... — vous tenez à voir jouer : *Comment les femmes se perdent !* n'est-ce pas ?...

— Si j'y tiens !

— Cela est fort naturel, — moi aussi, j'y tiens, puisque, je vous le répète, je crois à un succès... — Or, savez-vous combien pourront vous rapporter les droits d'auteur?...

— Non, pas précisément.

— Vingt mille francs, peut-être... — peut-être même davantage...

— En vérité? — fit Ernest, ébloui de ce mirage aurifère.

— Mon Dieu, oui, tout au moins. — Eh bien, je reçois votre pièce et je la mets immédiatement à l'étude, — mais à une condition...

— Une condition? — Laquelle?

— C'est que vous me verserez préalablement les deux mille francs indispensables pour les dépenses à faire...

— Oh! je ne demanderais pas mieux, mais...

— Mais, quoi?

— Ces deux mille francs, je ne les ai pas.

— Ne pouvez-vous vous les procurer?

— Difficilement. — Il faudrait, pour cela, écrire à mon père...

— Eh bien?

— Il voudrait savoir ce que je dois faire de cet argent et... il n'aime pas beaucoup la littérature...

— Ce qui veut dire qu'il vous refuserait ce subside?...

— Je le crains.

— Diable!...

— Comment donc faire? — répéta douloureusement Ernest.

— Il y a un autre moyen.

— Ah!...

— Connaissez-vous Porcher?

— Non.

— Vous!... un auteur!... vous ne connaissez pas Porcher!... Eh bien! vous ferez sa connaissance... — Porcher est le banquier des auteurs dramatiques, il vous prêtera les deux mille francs dont vous avez besoin...

— Vous croyez?

— J'en suis sûr.

— Mais, s'il refusait?

— Il ne refusera pas. — Je vais vous donner une lettre constatant la réception de votre pièce et sa mise à l'étude. — Vous irez chez Porcher demain matin, et, à midi, vous m'apporterez l'argent convenu.

XXXVIII

LE PISTOLET SUR LA GORGE.

L'arrangement proposé par Melon Petit-Baudet convenait beaucoup à Ernest.

Pour les jeunes auteurs, la question d'amour-propre passe bien avant la question d'argent.

Être joués!... — entendre réciter leur prose ou leurs vers devant une salle pleine de spectateurs! — voilà quel est leur rêve!... voilà ce qu'ils souhaitent par-dessus tout!

La pensée des droits d'auteur ne vient qu'en seconde ligne dans leur esprit.

Il importait fort peu à Ernest de donner de l'argent à Petit-Baudet pour l'engager à monter sa pièce. — D'ailleurs cet argent ne devait point sortir de sa poche, puisqu'il allait lui être prêté, avec hypothèque sur le succès futur.

Et puis, qu'étaient ces misérables deux mille francs à côté des vingt ou vingt-cinq mille que la pièce ne manquerait point de rapporter?

Pendant qu'Ernest formulait, à part lui, ces réflexions, Petit-Baudet avait pris un feuillet de papier portant en tête ces mots imprimés :

Théatre du ***, cabinet du directeur.

Et il avait écrit les lignes suivantes :

« *Je reçois, pour la mettre à l'étude dans le plus bref délai, une pièce en cinq actes, avec prologue, intitulée :* comment les femmes se perdent.

« *L'auteur de cette pièce est M. Ernest Pichat de la Chevalière, sans collaborateur.*

« *La distribution des rôles sera faite immédiatement, et les répétitions commenceront d'ici à huit jours.* »

Petit-Baudet data et signa, — puis il apposa sur la lettre le cachet de l'administration, et il relut tout haut ce qu'il venait d'écrire.

Ernest, radieux, étendit la main pour s'emparer de ce document authentique, qui constatait, en bonne et due forme, son droit à être représenté.

Mais le directeur ne le lui laissa point prendre.

— Vous comprenez, — lui dit-il, — que je vais vous remettre là un engagement formel et signé. — Il est juste que vous en fassiez autant, pour assurer l'exécution de nos petites conventions pécuniaires...

— Cela est trop juste, en effet, — répliqua Ernest.

— Je vois que vous entendez les affaires aussi bien que le théâtre, — reprit Melon, qui ouvrit l'un des tiroirs de son bureau et en tira un carré long de papier timbré, du prix de *un* franc.

Il poussa ce papier devant Ernest, à qui il présenta en même temps une plume dont il venait de tremper dans l'encre le bec effilé.

— Pratiquez-vous la lettre de change ? — lui demanda-t-il.

— Non, — je l'avoue... pas jusqu'à présent...

— Quoi ? — vous avez la virginité de l'acceptation.

— Hélas ! oui.

— Innocent jeune homme !... mais il y a commencement à tout...

Ernest se sentait presque honteux de n'avoir pas de dettes à avouer.

— Que faut-il faire ? — demanda-t-il.

— Écrivez, en travers de ce papier : *Accepté pour la somme de deux mille francs...*

— Voilà qui est écrit.

— Maintenant, signez.

— C'est fait.

— Bien. — Voici la lettre de réception. Je vous remettrai votre signature, demain, en échange des deux mille francs...

— Mais, encore une fois, si pourtant M. Porcher ne me prêtait pas d'argent.

— Dam ! j'userais de mes droits, je vous en préviens...

— Quels droits?

— Ceux que me donne ce chiffon de papier, — je vous ferais mettre à Clichy...

— A Clichy!... — répéta Ernest, tant soit peu troublé.

— Mon Dieu, oui. — Mais il n'y a pas le moindre danger, — Porcher est l'homme du monde le plus facile en affaires.

— Où demeure-t-il?

— Rue de Lancry, 10.

— A quelle heure le trouve-t-on?

— Toujours, jusqu'à onze heures du matin. — Le reste du temps, au café Flamand, — sur le boulevard Saint-Martin.

— J'irai chez lui.

— Ah ! j'y songe... n'y allez pas de ma part...

— Pourquoi?

— Pour des raisons particulières.

— Mais, s'il me demande qui m'adresse à lui?

— Il ne vous le demandera pas, — il sait que tout le monde le connaît.

— Pourvu qu'il consente à me venir en aide...

— Oh! soyez tranquille, j'en réponds... — A propos, je crois qu'il est de votre intérêt de ne parler à personne de notre petite transaction... — Vous comprenez à merveille que, mal interprété, un fait bien simple pourrait prendre une couleur fâcheuse... On dirait, par exemple, que vous êtes obligé de payer pour faire jouer vos pièces, et cela vous occasionnerait un tort irréparable...

— Je comprends cela et n'en dirai mot à qui que ce soit...

— Fort bien. — A partir de ce moment et comme ayant une pièce reçue au théâtre, vous avez droit à vos entrées. — Je vais vous faire inscrire, — vous pourrez en profiter dès demain en vous faisant reconnaître au contrôle...

— Je vous remercie...

— Voulez-vous rester dans les coulisses, ce soir, ou passer par la porte de communication pour aller dans la salle ?

— Je profiterai de cette dernière offre, si vous le voulez bien...

Petit-Baudet quitta le cabinet directorial et fut lui-même ouvrir à Ernest la porte qui, de la scène, ouvre dans le couloir des loges du rez-de-chaussée.

Là il le quitta en lui disant :

— Demain, à midi, je vous attends.

§

Beaucoup de nos lecteurs, peu familiarisés avec les usages des théâtres, se figurent peut-être que nous venons de faire de la fantaisie en écrivant les deux chapitres qui précèdent.

Ils sont dans la plus complète erreur.

Des faits semblables à celui que nous venons de mettre en scène, ne se renouvellent que trop fréquemment, dans les théâtres mal administrés par des gens d'une moralité douteuse ou par d'inintelligents spéculateurs qui, se sentant sur le point de s'énoyer, se raccrochent à toutes branches, même aux plus frêles.

Combien de pauvres jeunes écrivains, dont on exploite ainsi la crédulité vaniteuse !

Si nous voulions citer, les exemples ne nous manqueraient pas.

On se souvient de la scandaleuse polémique, soulevée dans les journaux et dans des brochures entre un artisan poète et un ex-directeur de l'Odéon, aujourd'hui feuilletonniste.

N'a-t-il pas été démontré que ce directeur, pour monter Ursus (tel était, je crois, le titre de la pièce), s'était fait donner huit cents francs, et pas mal de cuillers d'argent.

L'*Agrippine* de M. de la Rochefoucauld, et je ne sais plus quelle tragédie de M. de Custines, ont été des mines d'or pour Harel, non par leurs recettes, mais par les sommes inouïes que leurs auteurs ont versées entre les mains du fameux *Bilboquet* théâtral.

Enfin, nous ne pouvons résister au désir de citer un mot de la charmante femme de l'un de nos jeunes auteurs dramatiques, très-connu aujourd'hui par de nombreux, honorables et *fructueux* succès.

Il venait de débuter à l'Odéon par un fort grand drame en vers.

Peu de temps après la première représentation de ce drame, sa femme se trouvait dans un salon.

On parlait de M. Scribe.

Plusieurs personnes s'extasiaient sur la prodigieuse fécondité de cet académicien, père légitime de deux cent-cinquante ou trois cents vaudevilles, comédies, opéras, etc.

— Trois cents pièces !... — s'écria la jeune femme, avec une sorte d'étonnement compatissant. — Ah ! mon Dieu !...

Et, comme on lui demandait la cause de cette exclamation, elle ajouta :

— Le pauvre homme !... — Comme cela a dû lui coûter cher !...

On conviendra que, depuis cette époque, l'auteur de *la Misère*, de *Salvator Rosa* et de la *Prière des Naufragés* a bien pris sa revanche.

XXXIX

10, RUE DE LANCRY.

Ainsi que le disait à Ernest le *jeune et intelligent* directeur du théâtre ***, qui ne connaît Porcher ?

Porcher, l'honnête homme et l'homme excellent, parmi les plus honnêtes et parmi les meilleurs.

Porcher, qui a fait plus, à lui tout seul, pour la littérature contemporaine, que tous les Buloz et tous les Véron du monde entier.

Porcher, dont la bourse a toujours été et sera toujours ouverte à l'homme qui a du talent, et même, hélas ! bien souvent, à celui qui n'en a pas !...

Sans Porcher, les deux tiers des écrivains contemporains seraient morts de faim aux jours pénibles de leurs débuts, ou, découragés par cette horrible détresse qu'accompagnent les bottes trouées et l'estomac vide, ils auraient brisé leur plume et se seraient faits cordonniers ou tailleurs.

Mais, heureusement pour eux, Porcher était là, — Porcher la providence incarnée.

Ainsi que le disait Joas, dans *Athalie*, — sauf une très-légère variante :

> Aux petits des oiseaux Dieu donne la pâture,
> Mais Porcher la dispense à la littérature !...

A l'heure qu'il est, les écrivains de tous les étages doivent peut-être à Porcher trois ou quatre cent mille francs.

Peut-être plus.

Et, ces sommes énormes, dont le remboursement repose le plus souvent sur des succès à venir, par conséquent toujours douteux, Porcher les leur donne à un intérêt moins élevé que ne le font banquiers et notaires, prêtant sur première hypothèque, avec subrogation aux droits de la femme, etc..., etc...

Gens d'argent de notre époque, vous qu'on honore et qu'on décore, — juges consulaires, dont on vante l'austère probité, lequel de vous en ferait autant ?

Porcher a vécu dans la plus grande intimité avec tout ce qui, depuis vingt-cinq ou trente ans, a porté un nom illustre dans les lettres et dans les arts.

Tous nos grands hommes, il les a vus en déshabillé, — il les connaît comme le confesseur connaît son pénitent.

Aussi que d'anecdotes curieuses, que de faits d'une originalité piquante renferme le livre inépuisable de ses souvenirs.

Si Porcher publiait ses *Mémoires*, ce serait, sans contredit, l'ouvrage le plus curieux de notre époque, en tout ce qui touche à ces révélations de mœurs littéraires, dont le public est si friand.

Allons! mon cher Porcher, décidez-vous, — et si cela vous ennuie de tenir la plume, donnez-moi vos notes et j'écrirai pour vous...

Et, à nous deux, je vous en réponds, nous aurons un succès.

§

Vers les onze heures, Ernest se mit en route pour la rue de Lancry.

Il arriva au numéro 10, il monta au second étage et sonna.

Porcher avait la goutte, — ce qui ne lui arrive que trop souvent, — par conséquent il n'était pas sorti.

On introduisit Ernest.

— Monsieur, — dit-il, de ce ton un peu embarrassé d'un homme qui vient demander de l'argent, — je n'ai pas le plaisir d'être connu de vous, et, cependant, je viens réclamer de votre obligeance un service important...

— De quoi s'agit-il ? — demanda Porcher avec sa franche bonhomie.

— J'ai fait une pièce...

— Ah !... ah !...

— Cette pièce est reçue...

— Fort bien.

— Au théâtre du ***

Porcher fit une légère grimace.

— Ah ! diable ! — dit-il, — il est bien malade, ce pauvre théâtre... — Enfin, voyons, qu'est-ce que c'est que cette pièce ? — Un petit vaudeville ?...

— Non, — c'est une comédie-drame.

— En combien d'actes ?

— Cinq et un prologue.

— Ah ! une grande pièce. — Avec qui êtes-vous ?

— Avec qui ?

— Oui, — quel est votre collaborateur ?

— Je n'en ai pas.

— C'est cependant votre premier ouvrage ?...

— Oui, monsieur.

— Cinq actes et un prologue, pour votre début c'est hardi!...

— Je ne dis pas non, mais je crois, cependant, que la pièce est assez bien réussie...

— Quel est le titre ?

— *Comment les Femmes se perdent* !

— Ce n'est pas mauvais. — Et, quand doit-on vous jouer?...

— Tout de suite; — les répétitions commenceront avant huit jours...

— Oui, mais avant quinze, peut-être, le théâtre sera fermé...

— Vous croyez ?

— Je le crains.

— Et pourquoi cela?

— On n'a pas payé les acteurs, et ils refusent de jouer.

— On va les payer.

— Et avec quel argent? — Il n'y a pas de recettes...

Ernest raconta alors, mais en le donnant d'une façon positive et comme une chose déjà terminée, le fait qu'il avait entendu émettre dubitativement, la veille au soir, au foyer du théâtre.

On comprend que nous voulons parler du traité d'alliance entre le directeur dans l'embarras et le diplomate millionnaire qui voulait lancer sa maîtresse au théâtre.

Ah! — fit Porcher, — si cela est ainsi, c'est différent... — Tant mieux après tout, — je n'aime pas voir un théâtre fermé, ne fût-ce que pour quinze jours; — tout le monde y perd... — J'ai là, d'ailleurs, quelques billets de mille francs engagés ; mais, franchement, je les regarde comme bien aventurés.

— Le théâtre peut se relever, — répondit Ernest.

— Oh! tout est possible ; — mais il y a des choses invraisemblables sur lesquelles il ne faut pas compter... — Ah çà! dites-moi, le directeur est un bon garçon, mais un peu... enfin, vous me comprenez... — il promet aujourd'hui et ne tient pas toujours demain... — Qu'est-ce qui constate votre réception? — Oh! je suis en règle. — Voyez.

Ernest, en parlant ainsi, présentait à Porcher la lettre de Melon Petit-Beaudet.

— Oui, c'est vrai, — répondit Porcher après avoir lu, — à moins de se mettre sur les bras un procès qu'il perdrait évidemment, il est nécessaire qu'il vous joue... — Voyons, combien vous faut-il?

Ernest n'avait pas encore parlé d'argent; Porcher n'avait pas besoin que le mot fût prononcé, pour comprendre de quoi il s'agissait.

— Deux mille francs, — fit timidement Ernest.

— Diable ! la somme est lourde !... — la pièce peut tomber à plat, et ne rapporter que cinq cents francs...

— Mais j'en ferai d'autres...

— Qui sait ?... — Il y a bien des gens qu'une première chute a démoralisés... qui n'ont plus rien écrit, et qui cependant avaient peut-être du talent...

— Oh ! moi, je ne me laisserais pas décourager.

— D'ailleurs je ne suis pas sans ressources, car mon père est fort riche...

Enfin, ces deux mille francs vous sont-ils absolument nécessaires ?...

— Pourquoi ne vous avouerais-je pas qu'ils me sont tout-à-fait indispensables... En me les prêtant, monsieur, vous me rendrez un grand service, et j'accepterai toutes les conditions que vous jugerez convenable de m'imposer...

— Oh ! mes conditions sont bien simples, et les mêmes pour tout le monde : — une délégation des droits d'auteur jusqu'à concurrence de la somme prêtée, voilà tout...

— Mais l'intérêt ?...

— L'intérêt légal, — pas un sou de plus.

— Mais, monsieur, ces conditions seraient trop belles pour moi...

— Pour vous comme pour les autres... — Du

moment où je vous avance de l'argent, c'est que j'ai confiance...

— Mais cet argent, me l'avancez-vous ?...

— Puisque vous en avez besoin, il le faut bien...
— Voyons, allez dire à ma femme, de ma part, de vous donner deux mille francs et de vous faire signer une délégation, et revenez bientôt me voir pour me tenir au courant de ce qui se passera au théâtre...

Ernest voulut se répandre en manifestations de reconnaissance, mais Porcher l'arrêta en lui disant :

— Ce n'est pas la peine... vous me remercierez plus tard...

Ernest alla trouver madame Porcher, femme charmante et gracieuse, spirituelle et bonne ; — femme toute de cœur, qui double le prix des services par la manière dont elle les rend.

Madame Porcher lui remit un modèle de délégation qu'il copia.

Puis elle lui compta deux mille francs en or et lui dit :

— Vous voilà, monsieur, au nombre de nos clients, — j'espère que vous serez bientôt au nombre de mes amis...

Ernest répondit comme il le devait.

Puis, emportant son trésor, il courut jusqu'au boulevart de toute la vitesse de ses jambes.

Un petit coupé passait à vide.

Ernest sauta dans l'intérieur en criant au cocher :

— Au théâtre du *** — entrée des artistes, — et pressez votre cheval ; — il y a deux francs de pourboire...

On se souvint que Melon Petit-Beaudet avait donné rendez-vous à Ernest pour midi.

Il était midi moins cinq minutes.

Mais le cocher, surexcité par les deux francs généreusement promis, fouetta si vigoureusement son cheval, qu'à l'heure dite Ernest s'engageait dans l'obscur escalier du théâtre.

XL

AVANT LA LECTURE.

— Eh bien ? — demanda le directeur, au moment où Ernest entra dans le cabinet.

— Eh bien, c'est fait.

— Porcher s'est montré facile?

— Oui.

— Avez-vous l'argent?

— Oui,

— Voyons.

Ernest tira de ses poches les cent napoléons, et les étala sur le bureau.

Melon s'en saisit avec une rapacité merveilleuse, et les étala en deux piles.

— Le compte y est, — dit-il ensuite, — je vais vous rendre votre signature.

Ernest rentra effectivement en possession de l'acceptation qu'il avait donnée en blanc au directeur.

— Maintenant, — demanda-t-il, — nous sommes parfaitement d'accord sur tous les points, n'est-ce pas?

— Sans doute, — d'abord moi, je n'ai qu'une parole.

— Quand entrerons-nous en répétition?

— Oh! je ne vous ferai pas languir... — demain, samedi, passe une pièce nouvelle. — Dimanche soir vous serez *au tableau*, et vous lirez lundi aux acteurs...

— A merveille.

— D'ici là, ayez soin de faire copier les rôles...

— quant à la distribution, nous nous en occuperons ce soir, si vous voulez...

Ernest ne demandait pas mieux.

Le soir, il revint au théâtre, et Melon Petit-Beaudet le laissa choisir, comme il l'entendit, dans la troupe, les acteurs et les actrices qui devaient interpréter son œuvre.

Comme bien on pense, il ne se fit pas faute de s'emparer des premiers sujets.

Melon approuva tout.

Ernest était enthousiasmé de ce directeur !...

Le lendemain, avait lieu, en effet, la première représentation d'une pièce en trois actes.

Ernest demanda une stalle d'orchestre que Melon lui octroya libéralement.

La pièce nouvelle obtint un de ces succès douteux, qui promettent des recettes de cinq cents francs pour la sixième représentation.

— Allons, — pensa le jeune homme en se frottant les mains, — décidément il n'y a que : *Comment les femmes se perdent !...* qui puisse sauver ce théâtre !...

Et, dans son for intérieur, il déclama :

Mes pareils à deux fois ne se font point connaître,
Et, pour leurs coups d'essais, veulent des coups de maîtres !...

Le dimanche soir, — *devant que les chandelles ne fussent allumées,* — comme dit Poquelin de Molière, — Ernest arriva au foyer et courut regarder *le tableau.*

Le tableau est un cadre de bois noir, à charnière et à grille, immuable ornement des artistes, et dans lequel le régisseur place, chaque soir, la composition et l'ordre du spectacle du lendemain et l'indication des répétitions et des lectures.

Avec une joie indicible, il y vit ces mots:

« *Midi et quart, — au grand foyer,* — *lecture de:*

« COMMENT LES FEMMES SE PERDENT. »

Suivaient les noms de tous les artistes qui devaient avoir des rôles dans la pièce.

De la nuit entière, Ernest ne ferma point l'œil.

Mais, quoique tout éveillé, il fit les rêves les plus extravagants, et, dix fois de suite, il assista à la première représentation de sa pièce, et au succès le plus pyramidal qui, de mémoire de claqueur, eut ébranlé les voûtes d'un théâtre sous les applaudissements de deux mille spectateurs enthousiasmés.

Voici comment les choses se pratiquent habituellement, à partir du jour de l'entrée en répétitions jusqu'à celui de la première représentation.

D'abord *la lecture.*

C'est-à-dire que les artistes réunis au foyer écoutent la pièce dans laquelle ils doivent jouer et qui, presque toujours, leur est lue par l'auteur lui-même.

Le lendemain, et les jours suivants quand il s'agit d'une grande pièce, a lieu la *collation*, — toujours au foyer...

Les acteurs, — tenant leur rôle à la main et le lisant, ou plutôt *l'annonant* d'une manière inintelligible, se donnent l'un à l'autre la réplique.

Aux *collations* succèdent les premières répétitions au théâtre.

Les artistes tiennent encore à la main leurs rôles qu'ils ne savent point par cœur, mais on commence la mise en scène.

C'est d'abord un chaos informe, dans lequel rien n'apparaît.

Tout est indistinct, — tout est noyé, — aucun effet ne se détache sur la confusion générale.

En ce moment les jeunes auteurs, — ceux qui n'ont point encore l'habitude du théâtre, commencent à douter de leur pièce.

Une horrible désillusion s'empare d'eux.

Il leur semble que le chef-d'œuvre se transforme en une pitoyable rapsodie.

Mais, peu à peu, tout se débrouille.

La mise en scène s'arrête et se simplifie.

Les entrées, les sorties, les passades se font nettement et à propos.

Les rôles s'incrustent, même dans les mémoires les plus rebelles, — les manuscrits sont mis de côté.

Alors le dialogue reprend sa verve et sa vigueur, — (si tant est, pourtant, qu'il en ait). —

Les mots spirituels jaillissent comme des étincelles, — s'entre-croisent comme des épées, — se succèdent comme des feux de pelotons.

La pièce, chenille informe jusque-là, sort de sa chrysalide en brillant papillon.

L'auteur renaît à l'illusion et aux espérances, — bien souvent, hélas! chimériques!...

Le chef d'orchestre, s'il s'agit d'un vaudeville, — fait répéter au foyer, les couplets, les chœurs, les morceaux d'entrée et de sortie, — il prépare son ouverture.

Tailleurs et habilleuses, coupent et cousent les costumes.

Machinistes et décorateurs badigeonnent des toiles de fond, barbouillent des salons et des paysages, — installent des *trucs*, — préparent des changements à vue.

Bref, chacun, pour sa part, concourt au succès de l'œuvre commune, qui doit rapporter à tous le pain quotidien.

Les dernières répétitions approchent.

On répète au *quatuor*, — c'est-à-dire avec quatre musiciens.

Puis avec l'orchestre tout entier.

Viennent les répétitions *générales*, avec costumes, décors, musique, accessoires, etc... — tout, enfin, sauf le public.

Presque toujours, au boulevart, les théâtres de drames font relâche pendant plusieurs soirs de suite pour les *répétitions générales*.

D'abord, cela est utile, — et puis, c'est un excellent moyen de faire de la réclame à la pièce.

Enfin, le jour de la première représentation arrive, et, bien souvent, le résultat de tant d'efforts combinés, de tant de fatigues, de tant de soins, vient échouer lourdement devant les sifflets moqueurs ou devant la froideur du public.

Or, savez-vous comment il se compose, ce public des premières représentations?

Voici quels en sont les éléments, — dans la proportion des neuf dixièmes.

D'abord les journalistes, — race gouailleuse, blasée, impuissante pour produire et, par *métier*, faisant de la critique, quand même, à tort et à travers.

Puis les filles entretenues, qui viennent là comme

aux courses du Champ-de-Mars, pour étaler leurs toilettes et pour être vues.

Puis les actrices des autres théâtres, — dont l'occupation unique est de critiquer leurs rivales dans la salle ou sur la scène.

Puis les auteurs dramatiques, arrivés avec la persuasion que la pièce qu'ils vont voir est exécrable, — communiquant cette opinion à leurs voisins, et ne se faisant pas faute, après chaque acte, de démontrer, par les arguments les plus serrés, qu'ils ne se trompaient pas dans leurs conjectures.

Puis, enfin, les amis de l'auteur, — venus avec des billets donnés, — se trouvant fort mal placés, — plus moqueurs, — plus dénigrants, plus ironiques que tous les autres ensemble.

Bref, dans la salle entière, de désintéressés que les gens, très-peu nombreux, qui ont payé leur place, — et de bienveillants que les claqueurs et les créanciers de l'auteur.

Les uns, parce qu'ils sont payés pour applaudir.

Les autres, parce qu'ils applaudissent pour être payés.

Et, cependant, avec des salles ainsi composées, il y a encore quelquefois des succès.

Revenons à nos moutons, c'est-à-dire à Ernest et à son manuscrit.

Nous n'avons jamais pu nous rendre compte de ce fait étrange ! —

Ernest ignorait que les tableaux de foyer et les bulletins de répétition indiquent toujours, comme on dit en argot de théâtre, *le quart pour la demie.*

En d'autres termes, qu'il est convenu et parfaitement accepté, que les artistes ne se rendent jamais aux répétitions ou aux lectures, qu'un quart d'heure après l'heure indiquée.

L'exactitude consiste à ne point dépasser ce quart d'heure de grâce.

Ernest, disons-nous, entrait dans le foyer du public, son manuscrit à la main, à midi et quart sonnant.

XLI

LA LECTURE AUX ARTISTES.

Une table, recouverte d'un grand tapis vert, était placée au milieu du foyer.

Cette table supportait une carafe, un verre et un sucrier, — enfin les éléments du classique verre d'eau sucrée.

Tout à l'entour, des chaises étaient disposées en demi-cercle, — mais personne ne les occupait.

Ernest s'étonna d'abord de cette complète solitude.

Il trouva qu'on le traitait avec peu d'égards, et sa vanité, chatouilleuse à l'excès, se calma.

Mais, comme il n'y avait pas autre chose à faire que d'attendre, il attendit.

Au bout de dix minutes, le régisseur entra.

Il connaissait Ernest pour l'avoir vu au foyer les soirs précédents.

— Comment, monsieur, — lui dit-il, — déjà arrivé!...

— Mais il me semble, — répliqua le jeune homme d'un ton un peu sec, — il me semble que je ne suis point en avance.

— Oh! je vous en demande pardon... — voyez...

— Le régisseur tira sa montre, et, en présentant le cadran à Ernest, il ajouta :

— Midi dix minutes...

— Eh bien ?

— Eh bien, la lecture est pour le quart.

— Je vous demande pardon à mon tour, — elle est pour midi. — Le tableau et mon bulletin en font foi...

Le régisseur se mit à rire.

— Vous avez raison, — dit-il,, — mais vous ne connaissez pas encore les usages du théâtre...

Et il expliqua à Ernest ce que nous avons expliqué à nos lecteurs dans le précédent chapitre.

— Du reste, — ajouta-t-il en terminant cet éclaircissement, — ces messieurs et ces dames sont au foyer des artistes et vont monter dans un instant.

En effet, les acteurs et les actrices qui devaient assister à la lecture, arrivèrent tous à la fois presque aussitôt.

La lecture qui allait avoir lieu aiguillonnait, disons-le, au plus haut point leur curiosité.

Il s'agissait d'une pièce très-importante par sa dimension, et dont l'auteur était jusqu'alors parfaitement inconnu.

On savait, en outre, qu'il n'avait pas de collaborateur.

D'ordinaire, les nouveaux venus dans la carrière de la littérature dramatique ont déjà appelé l'attention du public sur leur nom d'une façon quelconque.

Ce sont des romanciers connus.

Des poètes.

Des journalistes.

Tous enfin, gens d'une manière ou de l'autre, ont déjà fait leurs preuves.

Les écrivains complètement novices n'arrivent guère au théâtre que remorqués par un collaborateur influent.

Pour Ernest, il n'en était point ainsi.

Qu'était-il ?

Un aigle, ou un oison ?

Qu'était sa pièce ?

Un chef-d'œuvre, ou une platitude ?

Un astre nouveau allait-il surgir au firmament littéraire ?

La pièce nouvelle allait-elle sauver le théâtre, dont l'état, nous le savons, était désespéré ?

S'agissait-il, au contraire, de l'une de ces ineptes productions comme Melon Petit-Baudet en lançait de temps à autre sur la scène qu'il dirigeait si habilement ?

Toutes ces questions se formulaient dans l'esprit des artistes qui venaient de prendre place.

Ils attendaient avec impatience les premiers mots du drame.

Jamais, sans doute, un auteur ne fut appelé à lire sa pièce devant un auditoire plus attentif.

Quant aux dispositions de cet auditoire, elles étaient *neutres*, si nous pouvons ainsi parler, — ni bienveillantes, ni malveillantes.

Les esprits devaient être aussi faciles à l'enthousiasme qu'au dédain.

Peut-être même, en raison de la jeunesse de l'auteur, de sa figure agréable et de son élégance, les femmes se sentaient-elles plus disposées à l'applaudissement qu'à la critique.

Ernest salua et s'assit.

Puis il déroula son manuscrit et lut :

— *Comment les femmes se perdent...* — pièce en cinq actes, précédée d'un prologue en deux parties...

Son émotion était extrême.

Sa gorge, sèche et brûlante, ne lui permettait pas d'articuler distinctement un seul mot.

Cependant Ernest comprenait à merveille qu'il allait se rendre ridicule s'il ne dominait pas cette émotion.

Il dut s'arrêter, et boire un grand verre d'eau sucrée, avant d'entamer la lecture des noms et la distribution des personnages, et de commencer la scène première.

Il fit un violent effort sur lui-même, et il lut.

Le prologue étonna les artistes.

C'était, on le sait, du mélodrame pur sang, dépourvu du plus petit mot pour rire ; — genre sinistre, auquel cette troupe de vaudeville n'était point accoutumée.

Entre le prologue et le premier acte, Ernest, s'il n'avait eu les oreilles pleines de bourdonnements confus, aurait pu entendre des phrases comme celles-ci, prononcées à voix basse :

— Ah çà! nous voici en plein boulevard du Crime!...

— L'auteur aura eu une distraction...

— Évidemment!...

— Il s'est trompé de théâtre...

— Il se croit, à l'heure qu'il est, à l'Ambigu ou à la Gaîté.

— Du reste, il y a des effets dans ce prologue.

— Nous allons voir la suite; — cela tournera peut-être au comique...

— Si, après un prologue semblable, la pièce allait être prodigieusement gaie, voilà qui serait original!...

— Oui, ma foi...

— En ce cas, je répondrais presque du succès...

— Moi aussi.

— Chut! messieurs, chut!...

Ernest abordait le premier acte.

Nous ne pouvons le suivre pas à pas dans cette lecture.

Nos lecteurs, d'ailleurs, connaissent la pièce par l'analyse que nous en avons faite.

L'impression fut déplorable.

L'acte chez *Mirobolante*, calqué, presque mot pour mot, sur le récit de Paul Lascours, obtint seul une demi-réussite.

Tout le reste sembla lourd, trivial, invraisemblable, assommant.

Bref, Ernest acheva sa lecture au milieu des marques muettes, mais non équivoques, de l'ennui le plus profond.

Il s'était enivré lui-même, au feu de sa déclamation ampoulée.

Il fut donc le seul à ne point remarquer ces symptômes de mauvais augure et il prit son contentement intérieur pour une satisfaction générale.

Le pauvre garçon n'était-il pas, jusqu'à un certain point, excusable de se tromper ainsi?

Combien d'autres, et de plus expérimentés, ne s'illusionnent-ils pas de même et ne croient-ils pas bien souvent atteindre ces chimères, qu'ils poursuivent toujours en vain, et qui s'appellent le succès et la gloire?

Ernest, en quittant le foyer, alla, tout radieux, dans le cabinet de Melon Petit-Baudet.

— Eh bien ? — lui demanda ce directeur, — quel effet a produit la lecture ?

— Le meilleur effet. — La pièce a été admirablement comprise, et je crois que vos artistes sont enchantés de leurs rôles...

Pendant ce temps, les acteurs, descendant par les couloirs du théâtre, se disaient les uns aux autres, dans leur étrange argot :

— Hein ? qu'en penses-tu ?

— Dieu !... quel *four* !...

— Oh ! un *four sterling* !...

— Elle est un peu soignée la production du petit jeune homme !

— En voilà, une *roustissure* !...

— Ce n'est pas cette pièce-là qui nous fera payer l'arriéré de nos appointements !

— J'en ai le *taf* !....

— C'est prodigieux !...

— Inouï !...

— Phénoménal !...

— Un veau à deux têtes !...

— Et encore, j'aimerais mieux le veau... au moins on le mangerait...

— Aux petits oignons... — dit un comique...

— Je crois que le public *appellera* Azor d'une façon peu triomphante !...

— Les clefs forées ne suffiront pas à la besogne...

— Tiens !... une idée... on peut gagner gros...

— En quoi faisant ?

— En établissant, dans la salle, un petit bureau de location de clefs forées, pour le jour de *la première*...

— *La première?* — êtes-vous fous ?...

— Comment ?

— Il n'y aura pas de première... — C'est une pièce impossible...

— Oui... oui...

— Le diable, lui-même, qui est pourtant bien habile, ne viendrait point à bout de la mettre en scène...

— C'est vrai...

— Moi, d'abord, je ne joue pas là-dedans...

— Ni moi...

— Ni moi...

— Ni moi...

— Ni moi...

— Mais, messieurs, — fit observer un des artistes, — vous oubliez que, d'après la teneur de vos engagements, vous êtes obligés de jouer tous les rôles qui rentrent dans votre emploi... bons ou mauvais...

— C'est exact, mon cher, — mais nous n'oublions

pas que, d'après les termes de ces mêmes engagements, notre directeur est obligé de nous payer nos appointements... — Or, il ne nous les paye pas... — donc, puisqu'il ne se trouve tenu à rien envers nous, nous ne sommes tenus à rien envers lui...

— Bravo !... bravo !...

— Voilà un argument sans réplique.

— Puissamment raisonné !...

— D'abord, moi, je refuse mon rôle...

— Et moi...

— Et moi...

— Et moi...

— Et moi...

L'unanimité, comme on le voit, était touchante.

Les choses, cependant, n'allèrent pas si loin, le jour même.

Le soir, une petite affiche, écrite à la main et placardée sur la glace du foyer, annonçait que les artistes pourraient se présenter à la caisse le lendemain, et qu'ils seraient payés.

Les artistes, — ne voulant mettre aucun tort apparent de leur côté, en face de cette promesse formelle, temporisèrent.

Personne ne rapporta son rôle.

Le lendemain eut lieu la collation.

Cette collation fut dérisoire. — On bâillait, — on

chuchottait, — on s'occupait de tout, et de tout le monde, excepté de la pièce.

Ernest, convaincu que les choses se passaient toujours ainsi, laissait faire et laissait dire.

Le jour suivant, — soit que le diplomate se fût exécuté, — soit par toute autre cause que nous ignorons, il y avait de l'argent en caisse.

On paya.

XLII

DÉCEPTION.

Le lendemain du jour où les artistes avaient touché leurs appointements, Ernest ne reçut pas de bulletin de répétition.

Il crut à quelqu'erreur; et, à l'heure accoutumée, il arriva au théâtre.

Il entra au foyer et regarda le tableau.

De : *Comment les femmes se perdent*, il n'était nullement question.

A la place qu'occupait habituellement le titre de sa pièce, il lut :

« *Midi et quart — au grand foyer.*

« Lecture de :

« Les contes de Grécourt. »

— Qu'est-ce que cela peut vouloir dire ? — se demanda Ernest avec un commencement d'inquiétude.

Il monta au cabinet de Melon Petit-Baudet.

La porte était fermée.

Il frappa.

On ne lui répondit point.

Un garçon de théâtre passait dans le couloir.

Ernest l'appela.

— Est-ce que M. le directeur n'est point dans son cabinet ? — fit-il.

— Non, monsieur, — il est à la lecture, au grand foyer...

— Ne puis-je lui dire deux mots ?

— Oh ! monsieur, c'est impossible, — on n'interrompt jamais une lecture.

— Savez-vous ce que c'est que la pièce qu'on lit ?

— J'ai entendu dire, hier au soir, que c'était une espèce de féerie en beaucoup de tableaux, — une pièce à femmes...

— De qui est-elle ?

Le garçon de théâtre nomma deux auteurs en vogue.

— Et, — reprit Ernest, — c'est sans doute à cause de cette lecture que je ne répète pas aujourd'hui ?...

— Je ne sais pas, monsieur, mais c'est probable...

Il n'y avait rien de plus à tirer de cet homme.

Ernest s'en alla donc fort soucieux, et trouvant mauvais, que, pour quelque raison que ce pût être, on se fût permis d'interrompre les répétitions.

— Enfin! que diable!... — pensait-il, — sans compter le mérite de ma pièce, il me semble que j'ai payé assez cher pour qu'on me traite avec quelques égards!... — Au moins falllait-il me prévenir!... — Ce Petit-Baudet est un homme qui ne sait pas vivre!...

Le soir, il revint au foyer.

Le tableau annonçait, pour le lendemain, la collation des rôles des *Contes de Grécourt*, et pas autre chose.

Ceci dépassait les bornes.

Ernest s'élança dans le cabinet du directeur.

Ce dernier, en le voyant entrer, ne manifesta pas le plus léger embarras.

— Ah! vous voilà, — lui dit-il, — bonsoir...

— Mon cher directeur, — s'écria Ernest, — que se passe-t-il donc ?

— Mais rien d'extraordinaire que je sache...

— Eh bien, nos répétitions !...

— Ah ! c'est juste... — elles sont interrompues, nos répétitions...

— Pourquoi cela !

— Parce que nous avons lu autre chose.

— Et quand les reprendrez-vous ?...

— Il me serait bien difficile de vous le dire, car je n'en sais rien...

— Vous n'en savez rien ?

— Non, en vérité.

— Vous moquez-vous de moi ?...

— En aucune façon.

— Alors, expliquez-moi ce procédé, je vous prie !...

— Volontiers, — mais je dois vous prévenir d'une chose...

— Laquelle ?

— C'est que mon explication vous sera désagréable.

— Parlez, monsieur.

— Eh bien, mon cher auteur, nous nous étions trompés tous deux...

— En quoi ?

— Eh ! mon Dieu ! vous en faisant la pièce, — Moi en la recevant...

— Est-ce à dire que, maintenant, vous la trouvez mauvaise ?...

— Oh ! ce n'est pas moi... c'est tout le monde...

— Qui ? mais, qui donc ?

— Les artistes.

— Ils vous l'ont dit ?...

— Ils ont fait mieux, ils m'ont tous rapporté leurs rôles, en me déclarant qu'ils ne joueraient que par autorité de justice dans une pièce impossible, et qui n'atteindrait pas le tiers de la représentation...

— Monsieur, — s'écria Ernest en frappant du pied, — vos acteurs sont des imbéciles et je ne les accepte pas pour juges !...

— Eh ! mon Dieu, que voulez-vous que je fasse ?...

— Faites respecter vos décisions !... — Après tout, vous êtes directeur, — c'est pour commander à votre troupe, et non pour lui obéir !...

— Faut-il donc leur envoyer du papier timbré à tous ?...

— Vous devez....

— Oui, mais je dois aussi chercher à faire de l'argent, et, pendant que je plaiderai, le théâtre fermera...

— Mais, monsieur, c'est moi qui suis victime là-dedans !...

— Oh ! je ne dis pas le contraire...

— Pourquoi avez-vous reçu ma pièce ?

— Je vous répète que j'ai eu tort.

— C'est bientôt dit !... — Enfin, me jouerez-vous ?...

— Je ne crois pas. — Comment voulez-vous que je vous joue ?... à moins de faire interpréter les rôles par de petites marionnettes de bois peint... Ce qui ne vous conviendrait peut-être pas...

— Vous n'avez pas le droit d'agir ainsi !... C'est une indignité, et je vais vous faire un procès !...

— Faites. — Mais je dois vous prévenir qu'aux termes des traités de mon théâtre avec la Société des auteurs dramatiques, j'ai un an pour vous jouer, à partir du jour de la réception de votre pièce...

— Un an !

— Tout autant. — Ainsi, vous ne pouvez commencer votre procès que dans onze mois et trois semaines... — D'ici là, vous aurez le temps de vous calmer... D'ailleurs, j'ai l'intention de vous offrir un dédommagement.

— Lequel ?

— Retirez votre pièce de bonne grâce et apportez-moi un petit acte, — je vous le jouerai immédiatement...

— Jolie consolation !...

— Eh ! mais pas tant à dédaigner... — *La Chanoinesse* a rapporté cent mille francs à M. Scribe...

— Je n'accepte pas cette indemnité dérisoire...

— Comme vous voudrez.

— Et les deux mille francs qui devaient subvenir aux dépenses nécessitées par ma pièce ?...

— Ah ! ils m'ont été bien utiles.

— Rendez-les moi, au moins...

— Impossible !...

— Comment, impossible !...

— Oh ! tout à fait.

— Mais, pour quelle raison ?

— J'ai payé hier mes artistes, — je n'ai pas deux cents francs en caisse...

— Mais, quand me rendrez-vous cet argent ?...

— Quand je pourrai.

— Quand pourrez-vous ?

— Je n'en sais rien.

— Ce qui veut dire que vous m'escroquez !...

— Oh ! mon cher auteur, quelle expression de mauvais goûts !...

— Eh bien, monsieur, je vous déclare que je veux mon argent tout de suite.

Petit-Baudet se mit à rire.

— Oui, tout de suite !... — continua Ernest exaspéré, — ou je vais vous poursuivre !...

— Vraiment ?... et en vertu de quoi ?

— Ne vous ai-je donc pas donné deux mille francs ?...

— Oh! entre nous, je n'en disconviens point; — mais notez bien qu'il n'y a ni témoins, ni reçu, ni preuve écrite d'aucune sorte...

— Ainsi, monsieur, vous nierez?...

— De vous à moi, non pas; — mais si vous employez les voies judiciaires, parfaitement.

— C'est voler, cela, monsieur!!...

— Pas le moins du monde. — Mon intention bien arrêtée est de vous rembourser ces deux mille francs un jour ou l'autre.... ma conscience est donc parfaitement à l'abri, et ne me fait aucun reproche...

— Un jour ou l'autre! — répéta Ernest, — et si ce jour n'arrive jamais?...

— Il arrivera, je n'en veux pas douter; — dans le cas contraire, monsieur, vous n'êtes pas mon seul créancier, et votre position ne serait point pire que celle des autres...

— Et si je vous souffletais!... — cria Ernest en faisant quelques pas pour se rapprocher de Petit-Baudet.

— Oh! je ne me battrais pas avec vous; — le duel n'est pas dans mes principes. — Quand on se doit, comme moi, à une entreprise importante, on n'a pas le droit de disposer de sa personne... — ma vie est la propriété de mes artistes... — Que déviendraient-ils si j'allais sottement me faire tuer pour une futilité ?...

En présence d'un semblable mannequin habillé en homme, que faire ?

La joue salit la main qui la touche.

— D'ailleurs il y a lâcheté à frapper un lâche.

Ernest le comprit.

Il n'ajouta pas un seul mot et sortit du cabinet, — emportant dans son cœur le deuil de la première de ses illusions perdues.

XLIII

LES ÉDITEURS.

Après une nuit blanche, pendant laquelle son exaspération à l'endroit du déloyal directeur ne fit qu'augmenter, Ernest sortit de chez lui, résolu à employer les voies judiciaires pour obtenir justice.

En conséquence, il alla trouver l'agréé de la société des auteurs dramatiques, et il lui expliqua ce qui se passait, en lui demandant quelle était la marche à suivre.

Lorsqu'Ernest nomma Melon Petit-Baudet, l'agréé sourit.

— Ce procès, — si vous le faites, — dit-il, — sera le dix-septième du même genre intenté à Melon depuis deux mois...

— Le dix-septième!...

— Mon Dieu, oui.

— Mais c'est prodigieux, cela!...

— Oh! je ne dis pas le contraire.

Et ce procès, au moins, le gagnerais-je?

— Je ne pense pas.

— Pourquoi?

— Pour des raisons que Melon lui-même a pris soin de vous expliquer... — Il a très-réellement le droit de ne vous jouer que dans un an, à partir du jour de la réception de votre pièce... — Quant aux deux mille francs, je suis parfaitement convaincu que vous les lui avez donnés; mais il niera le fait; — au besoin il prêtera serment, — vous serez condamné à payer les frais, voilà tout ce que vous retirerez de cette affaire...

— Mais, alors, il faut donc se laisser voler sans mot dire?...

— Quand on ne peut pas faire autrement.

— C'est désolant!...

— Oh! pour cela, oui. — Tâchez d'obtenir de Petit-Baudet un dédommagement quelconque...

— Il offre de me jouer une pièce en un acte.

— Eh bien, acceptez... c'est toujours cela de pris sur l'ennemi.

— Je ne puis me décider à me trouver de nouveau en contact avec un pareil homme, et à paraître recevoir, comme une faveur, une indemnité aussi dérisoire.

— Oh! si vous avez de ces délicatesses, mon cher monsieur, renoncez au théâtre; — reprenez le manuscrit de votre drame et ne le portez pas ailleurs...

— Lorsqu'on se destine à la profession d'auteur dramatique, il faut d'abord, et avant tout, se bronzer le visage et le cœur...

Ernest, de plus en plus démoralisé, quitta l'agréé.

Pendant plusieurs jours, il se livra à une mélancolie sombre et sans bornes.

Sa porte était fermée à tout le monde.

Il sortait à peine de chez lui, — rabattant son chapeau sur ses yeux, — rasant les murailles, — affectant enfin toutes les allures d'un malfaiteur qui se cache et veut dépister les yeux vigilants des argus de la rue de Jérusalem.

— Pourquoi cela? — demandera-t-on.

— Eh! mon Dieu! c'est bien simple.

Ernest avait parlé à qui avait voulu l'entendre de la pièce de lui qu'on allait prochainement représenter au théâtre du ***

Il en avait rebattu les oreilles de ses amis, et celles de ses simples connaissances.

Il avait promis tant de billets pour le jour de la première représentation, que, sans contredit, la salle eut été trop petite pour contenir tous les spectateurs qu'il y devait envoyer.

Et, maintenant, que répondre à ceux qui l'aborderaient en lui disant:

— Eh bien! mon cher ami, votre pièce?...

Ou:

— A quand ce succès?.

Ou encore:

— Quel jour irons-nous vous applaudir?

Questions qui, la veille encore, le faisaient se rengorger avec une satisfaction vaniteuse, et qui, depuis la ruine de ses espérances, feraient monter à son front le rouge de la confusion.

Aussi, nous le répétons, Ernest évitait tout contact avec les gens de sa connaissance, et, par moments même, il songeait à quitter Paris.

Mais, ne sachant quelle raison donner à son père pour motiver ce brusque départ, il resta.

Quelques jours s'écoulèrent.

La blessure saignante, faite à l'amour-propre d'Ernest, devint insensiblement un peu moins douloureuse.

La monomanie littéraire finit par triompher du découragement et le jeune homme songea, non point, il est vrai, à affronter de sitôt un nouveau théâtre, mais à cueillir ces lauriers plus faciles qu'offre le bon public des cabinets de lecture aux romanciers qui savent lui plaire.

L'épais manuscrit de : *Comment les femmes se perdent,* — *Histoire d'un Ange tombé,* fut donc empaqueté soigneusement et Ernest, après déjeuner, se mit en route pour aller quérir un éditeur.

Parfaitement renseigné à l'endroit de la librairie actuelle, le jeune homme savait qu'il ne pouvait frapper qu'à trois portes.

En d'autres termes, Paris ne renfermait que trois éditeurs publiant des romans sous la forme de l'in-octavo.

L'un d'eux, inspirait à Ernest une certaine terreur respectueuse.

Il primait en effet la librairie de toute la hauteur de son catalogue où brillent les noms de Dumas, de Georges Sand, de Foudras, de Sue, enfin de toutes les étoiles littéraires du dix-neuvième siècle.

Or, à côté de ces noms illustres, M. *** ne place point volontiers des noms inconnus.

Il est donc dfficile d'arriver chez lui.

Ernest le savait et il résolut de s'adresser d'abord aux éditeurs qui se montreraient sans doute plus accommodants.

Ernest avait vu, sur les couvertures de quelques-uns des volumes qu'il avait chez lui, que M. *** demeurait rue de .....

La rue de...... est plus près de la rue de Seine que de la rue .....

Ernest, sans trop savoir pourquoi se décida cependant à commencer sa tournée par cette dernière.

Il vit une librairie dont les vitrages encadraient de nombreuses affiches à sujets lithographiés.

C'étaient, une femme poignardée, dont la poitrine percée d'outre en outre laissait échapper un long jet de sang; — un prêtre et deux enfants auprès d'un lit de mort; — un joyeux souper de viveurs, etc... etc...

— Ce doit être là, — pensa Ernest.

Et il entra.

Un magasin étroit et long, — un poêle, — une table chargée d'in-octavos, — des rayons encombrés de livres, — un petit comptoir, voilà ce qui frappa ses yeux.

Mais il était chez un éditeur, et tous ces détails insignifiants lui semblèrent revêtus d'une solennité imposante.

L'éditeur sortit d'une pièce située au fond du magasin et vint à Ernest.

C'était un homme très-brun, — plutôt petit que grand, et d'une beauté contestable.

Ernest le trouva imposant.

— Monsieur, — lui dit-il, — pouvez-vous me faire le plaisir de m'accorder quelques minutes d'entretien particulier?

— Très-bien, monsieur.

— Mais, je vous dérange peut-être?...

— En aucune façon... — asseyez-vous, monsieur, je vous prie...

Ernest prit une chaise.

L'éditeur s'installa au comptoir.

— Monsieur, — fit Ernest qui ne voulait pas aborder trop brusquement la question, — vous publiez un grand nombre d'ouvrages...

— Oh! bien peu, monsieur, bien peu... — interrompit l'éditeur, — le moins que je puis... — les affaires vont si mal... — le temps de la librairie est passé... — le roman ne se lit plus guère... les cabinets de lecture se plaignent de jour en jour davantage... et puis j'ai un petit *faire-valoir* qui m'occupe beaucoup...

— Un petit *faire-valoir?* — répéta Ernest.

— Oui, monsieur, — en Bretagne, — tout près de la vallée... — un assez joli nombre d'arpents de bonne terre, — un étang, — des prairies, — une maisonnette... — Je soigne tout cela, monsieur, — J'élève des bœufs... des bêtes superbes!... — Ah! monsieur, les bœufs valent mieux que les livres... ça se vend plus facilement...

Ernest, qui ne s'attendait pas le moins du monde à ces considérations agricoles et bovines, en fut quelque peu déconcerté.

Mais il se remit et il demanda:

— Cependant, monsieur, vous éditez toujours?...

— Hélas! il le faut bien, sans cela que deviendrait mon fonds... — mais il me tarde de laisser là les romans pour me consacrer tout entier à mon petit faire-valoir... et surtout pour n'avoir plus de rapport avec les auteurs... — Ah! monsieur, quelle vilaine engeance!

— Vraiment? — fit Ernest en souriant.

— Ah! je le crois bien, monsieur!...

— Vous avez donc eu à vous en plaindre?

— D'abord, monsieur, il n'est pas possible de

faire des affaires avec eux sans avoir à s'en plaindre...

— Quoi? sans exception?

— A peu près. — Le meilleur n'en vaut rien... — Ils sont vaniteux comme des paons... — Ils se croient tous du talent, — ils se figurent qu'on doit les payer au poids de l'or... — et inexacts... — et exigeants!... — Oh! oui, monsieur, c'est une vilaine engeance! sans compter que les trois quarts et demi des livres qu'ils font ne se vendent pas, et qu'après avoir payé l'auteur, l'imprimeur, le papetier et le brocheur, on se trouve avoir pour tout potage des ballots qui encombrent les magasins et qui n'en sortent jamais...

— Mon Dieu! — répliqua Ernest, avec un sourire un peu contraint, — ne dites pas trop de mal des romanciers, je vous en prie...

— Et pourquoi?

— Parce que, moi-même...

— Ah! ah!... — interrompit l'éditeur, — monsieur fait des romans!...

— Mon Dieu, oui.

— A qui ai-je l'honneur de parler?

Ernest se nomma.

Puis il ajouta aussitôt.

— Mon nom doit vous être tout à fait inconnu...

— En effet, monsieur.

— Cela n'a rien d'étonnant, — je débute dans la carrière littéraire, et c'est précisément à ce sujet que je suis venu vous faire aujourd'hui une petite visite...

Ernest s'interrompit, attendant une réponse quelconque.

Mais l'éditeur ne souffla mot.

Seulement sa physionomie s'était singulièrement rembrunie.

XLIV

LE ROI DE L'IN-OCTAVO.

— Bref, — reprit Ernest en s'armant de tout son courage pour affronter cette situation périlleuse, — j'ai fait un roman et je viens vous demander si vous voulez vous en arranger.

L'éditeur leva les mains vers le ciel, ou plutôt vers le plafond, d'un air stupéfait et désespéré.

— M'en arranger !... — répéta-t-il.

— Ce n'est qu'en deux volumes... — insinua Ernest.

— Deux volumes !... — grand Dieu !... mais que voulez-vous que j'en fasse ?...

— Que vous les mettiez sous presse, et sur votre catalogue...

— Ah ! monsieur, vous n'y songez pas !...

— Mais pourquoi donc ?

— Deux volumes !... par le temps qui court !... — on voit bien que vous n'avez pas encore l'habitude de la librairie...

— Trouvez-vous donc que ce soit trop peu de deux volumes pour un roman ?...

— Je trouve que c'est trop, monsieur, beaucoup trop...

— Cependant, on ne peut guère faire de livre qui n'ait qu'un volume...

— On peut n'en pas faire du tout, monsieur, et voilà ce qu'il faut.

— Songez que je serais coulant pour les conditions de paiement.

— Un manuscrit qu'on ne paie pas, monsieur, aujourd'hui est encore trop cher...

— Pourtant vous payez vos auteurs ?...

— Hélas !... je ne les paie que trop... — mais j'en ai reconnu l'abus et on ne m'y reprendra plus... — Songez donc que je ne puis seulement pas venir à bout de vendre les romans de M. le vicomte Tronson du Portail, et cependant ce jeune écrivain est répandu dans le plus grand monde et descend en droite ligne de Bayard ou de Duguesclin, peut-être de tous les deux... — l'aristocratie devrait dévorer ses productions... eh bien, pas du tout...

— Dans les dispositions où je vous vois, il me semble qu'il est difficile de nous entendre...

— Oh! monsieur, non seulement c'est difficile, mais c'est impossible, complètement impossible...

— Vous ne voulez pas même lire ces deux volumes?...

— A quoi bon?

— Mais à savoir si ce que je vous propose est bon ou mauvais...

— Je suis convaincu que c'est excellent, il ne faut que vous voir, monsieur, et entendre votre conversation spirituelle pour juger de votre mérite... mais, quand bien même votre livre serait un chef-d'œuvre, les circonstances actuelles ne me permettraient pas de le publier... — Voyez mes confrères... ils éditent beaucoup plus que moi et s'entendront sans doute avec vous... — Croyez bien, monsieur, que ce n'est pas mauvaise volonté, mais impossibilité matérielle... Comment m'occuperais-je d'une publication? je pars demain pour mes propriétés de Bretagne où je vais expérimenter une nouvelle méthode de drainage dont on dit le plus grand bien... A l'aide de ce nouveau système on peut, à ce qu'il paraît, quadrupler en deux ans le rapport d'un arpent de terre...

Ernest, fort découragé, remit son manuscrit sous son bras, et quitta cet éditeur si occupé d'agriculture.

Puis il se dirigea vers la rue .....

Son entrevue avec M. de ..... ne différa que fort peu de celle que nous venons de mettre sous les yeux de nos lecteurs.

Le second éditeur donna à Ernest, pour ne pas l'éditer, des raisons tout aussi péremptoires que celles du précédent.

Ces raisons étaient à la vérité d'un ordre différent, — mais la conclusion ne variait point.

Avant de se mettre en route pour aller chez M. *** Ernest hésita longtemps.

— Au premier mot que je hasarderai, — pensa-t-il, — le roi de l'in-octavo va me rire au nez...
— Mais bah! tentons la fortune!... qui ne risque rien n'a rien... — d'ailleurs il vaut mieux, — dit-on, — s'adresser à Dieu qu'à ses Saints...

Arrivé au n° ... de la rue ...., Ernest se trouva en face d'un vaste et ancien hôtel, bâti jadis pour nous ne savons plus quel premier président au parlement.

Un vieux concierge, petit, rechigné, malingre, à moitié sourd, à la physionomie revêche, — un de ces concierges types, comme on n'en voit plus que dans les charges de Daumier et dans les vaudevilles du Palais-Royal, — se tenait debout, sous la porte cochère, s'appuyant sur un manche à balai.

Rien n'empêchait de supposer qu'il fût prêt à enfourcher ce manche à balai, pour s'en aller chevaucher au sabat.

— M. ***, éditeur, s'il vous plaît? — demanda Ernest.

— Vous dites? — aboya le portier.

Le jeune homme répéta sa question.

— Au premier.

— Est-il chez lui?

— *Voyez voir.*

Ernest monta.

Il ouvrit la porte, traversa une antichambre garnie de rayons chargés de livres; puis un grand magasin pavé de dalles blanches et noires comme les cases d'un damier.

Dans ce magasin se trouvaient plusieurs personnes.

— Monsieur *** est-il chez lui ? — demanda Ernest en saluant.

— Oui, monsieur, — répondit un jeune homme, qui, l'épaule chargée d'un ballot de livres, se préparait à sortir, — entrez à gauche.

Ernest pénétra dans une pièce immense qui avait été autrefois un salon de réception et se trouvait métamorphosée en magasin.

Sur les rayons, sur les comptoirs, partout enfin l'in-octavo trônait dans sa gloire.

Les couvertures beurre frais étalaient, en belles lettres grasses, les titres les plus séduisants du monde, suivis de tous les noms célèbres de la littérature contemporaine.

Un monsieur, maigre et petit, tout vêtu de gris, pantalon, jaquette et gilet, — en pantoufles et sans cravate, donnait des ordres en fumant un cigare.

— Qu'y a-t-il pour votre service, monsieur ? — demanda-t-il.

— Monsieur ***, s'il vous plaît ? — fit Ernest timidement.

— C'est moi, monsieur.

— Vous serait-il possible de m'accorder quelques secondes d'attention ?...

— Très-bien. — Passons dans mon cabinet.

Ce cabinet ne ressemblait pas précisément au magasin des autres éditeurs.

Il offrait un cachet artistique très-prononcé.

Au-dessus du bureau encombré de lettres, de manuscrits, d'épreuves, etc... se voyait un très-beau portrait d'Alexandre Dumas, au pastel, d'après le magnifique original de Giraud.

Un peu plus loin, un grand tableau sur bois, remarquable composition de Téniers père, — rien que cela !...

Puis d'autres tableaux modernes, d'un mérite réel.

Puis des statuettes, etc., etc...

Et, — sur un autre bureau, plus petit, — de grandes boîtes de cigares, — assez volontiers mises au pillage par les auteurs.

L'éditeur avança à Ernest une profonde chauffeuse et s'assit lui-même.

— Je vous écoute, monsieur, — dit-il ensuite.

Le jeune romancier regardait à la dérobée l'éditeur.

La physionomie de ce dernier n'avait rien d'effrayant.

Sa figure pleine et peu colorée exprimait une bonhomie spirituelle.

Le regard était vif et les lèvres souriantes.

— Monsieur, — dit Ernest encouragé par cette physionomie bienveillante, — j'aborde immédiatement la question. — Je prends, comme on dit, le bœuf par les cornes....

— Et vous avez raison. — De quoi s'agit-il ?

— J'ai fait un roman...

— Je m'en doutais.

— Ah ! vous vous en doutiez ?

— Mon Dieu, oui.

— Et, qui pouvait vous le faire supposer, monsieur ?

— Ma foi, tout bonnement ce manuscrit que vous portez là, bien empaqueté, mais qui n'en est pas moins un manuscrit d'une fort jolie épaisseur. — Je ne suis pas plus sorcier que cela !...

— Alors, monsieur, vous devinez aussi, sans aucun doute, le motif qui m'amène ?

— Oh ! parfaitement ! — Vous venez chez moi pour que je vous édite, — cela coule de source...

— Je comprends, monsieur, combien ce désir est ambitieux... cependant, puis-je espérer ?...

— Vous avez l'air d'un très-charmant garçon, monsieur, et je désirerais de tout mon cœur vous être agréable... malheureusement c'est impossible...

— Impossible !

— Complètement.

— Et pourquoi ?

— La question que vous me faites m'est adressée cinq ou six fois par semaine très-régulièrement, par des jeunes gens dans la même position que vous, — je vais vous faire la même réponse qu'à eux : — C'est impossible parce que vous n'avez pas de nom dans les lettres et que par conséquent un livre de vous est une marchandise invendable...

— Mais, monsieur, s'il y a du talent dans ce livre ?

— Hélas ! monsieur, c'est triste à dire, mais le talent n'a pas grand'chose à voir là-dedans. — Nous sommes arrivés à une époque où le public est tellement blasé, tellement indifférent, qu'il veut des noms tout faits et que rien au monde ne le déciderait à ouvrir un roman d'un auteur inconnu...

— Mais, alors, comment donc faire ?

— Faites-vous connaître.

— Où ?

— Je n'en sais rien.

— Vos confrères me répondront ce que vous me répondez...

— C'est probable.

— Les journaux en feront sans doute autant.

— C'est certain.

— Pour monter à cheval, il est indispensable cependant de mettre le pied à l'étrier...

— C'est incontestable.

— Eh bien, cet étrier, si personne ne me le tend, il faudra donc rester par terre ?

— Monsieur, voulez-vous que je vous dise ma façon de penser nette et franche ?...

— Je vous en prie.

— Eh bien, si vous avez réellement du talent, je ne sais pas comment vous ferez, mais vous arriverez, — le talent arrive toujours...

— Mais de quelle façon m'y prendre ?

— Je vous répète que je l'ignore.

— Aidez-moi un peu, — donnez-moi une idée...

— En voici une : — essayez d'une collaboration. — Voyez quelqu'un de nos auteurs en vogue, obtenez de lui qu'il vous patronne de son nom...

— Le nom d'un autre à mon œuvre !.... jamais !...

— Question d'amour-propre sur laquelle il faut passer, — le moyen est bon, croyez-moi ! — Je puis vous citer des exemples, — l'auteur des *Chevaliers du Lansquenet,* — j'entends le seul et véritable auteur, celui qui est nommé le second sur les couvertures du livre, — n'a-t-il pas laissé primer son nom pour les dix volumes de ce roman dont le succès a été énorme, par le nom d'un autre écrivain, de beaucoup de talent, qui avait sa réputation faite? — cela a-t-il empêché le jeune romancier d'arriver?... — Non! cent fois non!... — Eh bien, s'il n'avait pas sacrifié à ses débuts la question de gloriole, où en serait-il aujourd'hui?...

— Mais si je me décidais, à qui m'adresser?

— Oh! vous n'avez que l'embarras du choix, — voyez Dumas, — voyez Foudras, — voyez Montépin...

— Mais ces messieurs accepteront-ils?

— Ça, c'est une autre affaire, je n'en sais rien, — tout ce que je puis vous dire, c'est que s'ils acceptent, j'édite.

— Où trouver Dumas?

L'éditeur jeta les yeux sur le numéro du *Mousquetaire* qui venait de paraître.

— A Bruxelles, — dit-il ensuite, — il est parti ce matin.

— Ah! — fit Ernest.

Puis il reprit:

— Et Foudras?

— Lui, il ne bouge pas, — à Bourbon-l'Archambault (Allier).

— Diable !... c'est un peu loin.

— Mais non... en trois jours vous pouvez être revenu.

— Et Montépin ?

L'éditeur fouilla dans les paperasses éparses sur son bureau.

Il y prit une enveloppe carrée, zébrée d'encre bleue et cachetée de cire rouge.

— Sa dernière lettre, — dit-il, — est timbrée du Croisic (Bretagne), il doit y être encore, — en prenant demain matin le chemin de fer de Nantes, vous le rencontrerez sans doute là-bas, sur quelque plage, en train de se baigner dans la mer avec son chien de Terre-Neuve. — Ce n'est jamais que cent cinquante lieues à faire pour aller, et autant pour revenir, — une bagatelle !...

Cette bagatelle épouvanta Ernest.

Le pauvre garçon se dit que l'illusion de l'in-octavo à couverture jaune s'envolait pour aller rejoindre celle de la représentation.

Drame et roman retombaient ensemble dans les limbes de l'inédit !...

Le cœur triste et gonflé, il salua M. *** qui, avec la plus exquise courtoisie, le mena jusqu'au-delà de la dernière porte de son logis, et il revint rue de

Seine, plus morne et plus désappointé qu'un chasseur qui ne rapporte rien.

Ernest avait été à la chasse, en effet.

Hélas! à *la chasse aux chimères!...*

§

Cependant il était écrit là-haut que : *Comment les femmes se perdent!* fleurirait au grand jour de la publicité.

Ernest parla de sa nouvelle déconvenue à son ami le critique influent.

Ce dernier sourit et le conduisit à la *Librairie nouvelle*.

Ernest déboursa les frais de composition, — de papier, — de tirage, — de brochage et d'affiches.

Il fut imprimé, — il fut mis en vente.

Voici quels étaient, au bout de trois mois, les résultats de l'opération :

En magasin, le jour de la mise en vente, cinq cents exemplaires;

Donné à Suzanne, — dix exemplaires;

Offert par Ernest à ses amis, — douze exemplaires;

Gardé pour lui-même, — trois exemplaires.

C'est donc *vingt-cinq* exemplaires dont Ernest avait disposé, — il en restait en magasin, *quatre cent soixante et quinze*.

Que ceux de nos lecteurs qui savent calculer, calculent !

Pauvre Ernest !...

Une fois de plus il était allé à *la chasse aux chimères*.

DEUXIÈME PARTIE

MADEMOISELLE SIMON

I

LA MAISON DE LA RUE DE PARIS, A BELLEVILLE.

Voici bien longtemps déjà que nous parlons à nos lecteurs de Suzanne.

Nous avons noué la pécheresse, par des liens indissolubles, à l'action de notre livre.

Nous l'avons montrée héroïne d'un roman et d'un drame.

Le moment est venu de remplacer la fiction par la réalité.

Le moment est venu de raconter le véritable passé de la jeune femme.

C'est ce que nous allons faire.

Nous remontons, par conséquent, de plusieurs années en arrière.

§

Tous les Parisiens connaissent Belleville, cette résidence si chère aux petits propriétaires, — aux employés à dix-huit cents francs, — aux artistes peu payés des théâtres du boulevard.

En haut de la principale artère de Belleville, la rue de Paris, se trouvait et se trouve encore une maisonnette de gentille apparence, située entre cour et jardin.

La cour n'était pas grande.

Le jardin était modeste.

La maison n'avait qu'un étage.

Mais tout cela respirait l'ordre, le calme, et cette exquise propreté qui équivaut presqu'à du luxe.

La porte de la cour ouvrait sur la rue par une porte verte, en bois, à panneaux pleins, qui ne permettait point aux regards de pénétrer dans l'intérieur.

Quelques lilas, d'une assez belle venue, balançaient au-dessus du mur leurs panaches verdoyants et leurs touffes odorantes.

Un petit gazon ovale, entouré par un sentier bien sablé, occupait le milieu de la cour.

Le logis était percé de six ouvertures dans sa façade.

Au rez-de-chaussée une porte et deux fenêtres.

Au premier étage trois fenêtres.

Voici quelle était la distribution intérieure :

Un long couloir allait de la cour au jardin.

A droite de ce couloir se trouvait un salon, une salle à manger et un cabinet de repos, pouvant passer pour un boudoir.

A gauche, la cuisine, — la buanderie, etc...

Au premier étage quatre chambres à coucher.

Le jardin qui s'étendait derrière avait environ un tiers d'arpent d'étendue.

A l'exception d'une allée de charmilles qui le contournait entièrement et permettait la promenade à l'ombre par les plus ardents soleils, il était consacré exclusivement aux fleurs.

Nous regrettons fort de ne point avoir les connaissances horticoles et étendues d'Alphonse Karr et d'Eugène Sue, nous aurions pu remplir un certain nombre de pages par la description des plates-bandes et des innombrables plantes qui les émaillaient.

Notre ignorance à peu près complète nous fait une loi de nous abstenir.

Contentons-nous d'affirmer que l'admirable variété des fleurs, l'entente parfaite et l'arrangement de chaque chose, décelaient non-seulement l'œil mais encore la main du maître.

Le mur d'enceinte avait environ dix pieds de hauteur, aucune maison ne le dominait. — Il servait en même temps de limite à des jardins contigus.

La salle à manger était meublée en noyer.

Le salon et le petit cabinet l'étaient en toile perse.

Plusieurs gravures. — (d'après Gros, — Gérard, — Horace Vernet), — représentant des batailles de l'époque impériale, se suspendaient aux murailes, dans leurs cadres dorés, et faisaient l'ornement de ces deux dernières pièces.

Deux seulement des chambres à coucher du premier étage méritaient les honneurs d'une mention particulière.

L'aspect de la première de ces chambres était tout à la fois coquet dans ses détails, et virginal dans son ensemble.

Comme dans le salon du rez-de-chaussée les meubles et les rideaux étaient de toile perse, mais d'une nuance très-claire semée de petits bouquets de bruyère et de myosotis.

Deux petits lits de fer, d'une gracieuse simplicité, s'enveloppaient dans les plis nombreux d'une mousseline blanche, pareille à un nuage diaphane.

Une mignonne glace de Venise servait de miroir.

La cheminée supportait une très-petite pendule et deux grands cornets du Japon remplis de fleurs.

Devant la fenêtre, une jardinière rustique étalait ses gerbes parfumées.

La table du milieu servait de piédestal à une énorme corbeille de fleurs.

Bref, il y avait des fleurs partout.

Le curieux le moins observateur aurait dit, en entrant dans cette chambre, qu'elle ne pouvait être occupée que par deux jeunes filles.

Et il ne se serait point trompé.

Passons à la seconde pièce.

Cette chambre, beaucoup plus petite que la première, était beaucoup plus simple et offrait un caractère absolument différent.

Tout y respirait l'impérialisme, disons mieux, le *chauvinisme* le plus pur.

Sur la pendule de marbre noir un petit buste de Napoléon Ier en bronze.

Un autre buste, mais en plâtre, sur un socle fixé à l'un des panneaux de la muraille.

Au-dessous de ce socle, un trophée formé de deux épées d'officier supérieur, — d'une paire d'épaulettes, noircies au feu de vingt combats, — d'un hausse-col, également bruni, — et, enfin, d'une croix de chevalier de la Légion d'honneur.

Une douzaine de lithographies de Charlet, représentant des *troupiers français,* de tous les uniformes et dans toutes les situations.

Ces lithographies avaient des cadres de bois d'ébène...

Une gravure : — *la mort de Napoléon à Sainte-Hélène.*

Une paire de pistolets de tir, en croix, faisant pendant au trophée dont nous parlions il n'y a qu'un instant.

Deux râteliers d'acajou sculpté, contenant chacun une douzaine de pipes admirablement culottées.

Un lit de fer, tout uni, — (pareil à ceux qui servent aux soldats dans les casernes), — sans rideaux.

Quatre chaises, foncées en crin noir.

Au coin de la cheminée, un grand fauteuil à la Voltaire, recouvert en maroquin rouge, rendu luisant par le frottement.

Sur un petit bureau, des journaux, — des brochures, — des papiers, — un bonnet de police avec son galon et son gland d'or tout fanés, — une paire de gants de peau de daim, — des cigares et une magnifique pipe en écume de mer.

Tel était le procès-verbal, exact et détaillé, du mobilier de cette chambre, — tel qu'il aurait pû être fait par le maître clerc de l'huissier le plus *saisissant* de tout Paris.

Ajoutons, pour mémoire, une odeur de tabac excessivement prononcée, — s'exhalant des pipes, des meubles, des rideaux, des fenêtres, et du papier de tenture lui-même.

Le curieux dont nous parlions tout à l'heure, aurait affirmé, sans la moindre hésitation, que l'hôte de cette chambre devait être un vieux soldat.

Et, comme la première fois, il ne se serait pas trompé.

II

LES DEUX FILLES DU COMMANDANT.

Nous avons, ce me semble, décrit assez longuement, et même peut-être un peu plus que suffisamment, la maison de la rue de Paris, à Belleville.

Occupons-nous maintenant, si vous le voulez bien, des habitants de la maison.

Ils étaient au nombre de quatre.

Le commandant Simon, — officier supérieur en retraite.

Ses deux filles, — Berthe et Suzanne.

Et la Normande Mariolle, qui cumulait avec distinction les fonctions de cuisinière et de femme de chambre.

Le commandant, quoiqu'il atteignît déjà sa soixante-huitième année, n'était point trop mal conservé et jouissait d'une santé satisfaisante, — quand ses rhumatismes faisaient trêve et quand il ne souffrait point d'une demi-douzaine d'anciennes blessures, dont quelques-unes se rouvraient de temps à autre.

Marié fort tard, le commandant, après une union de huit années, était resté veuf avec deux petites filles.

M. Simon était presque pauvre.

Sa fortune consistait en sa maison de Belleville, — cent louis de rentes sur l'Etat, et sa pension de retraite.

Avec cette très-modique aisance, il fallait suffire à tout.

Le vieux soldat y parvint.

Et non-seulement il s'en tira à honneur, mais il trouva moyen de faire donner à ses enfants une éducation presque brillante dans un bon pensionnat, et une fois qu'il les eût reprises auprès de lui, il les entoura de ces petites recherches que nous avons décrites dans le précédent chapitre, et qui ressemblaient à du luxe.

Au moment où nous conduisons nos lecteurs à la maison de la rue de Paris, il y avait un an environ que Berthe et Suzanne étaient rentrées sous le toit paternel.

Berthe avait dix-huit ans, Suzanne dix-sept.

Le commandant Simon ne vivait que pour ses enfants, et, dans la sincérité de son cœur, il était parfaitement convaincu qu'il leur portait à l'une et à l'autre une égale mesure d'affection.

En cela il se trompait.

A son insu, il avait une prédilection très-marquée pour Suzanne, la plus jeune de ses filles.

Cela s'explique.

Quoique Berthe fût assurément charmante, elle n'atteignait point, même de loin, à la radieuse beauté de sa sœur.

Le caractère de Berthe était, en outre, sérieux, réfléchi, concentré. — Sa sensibilité excessive se manifestait peu au dehors. — En un mot elle semblait froide.

Suzanne, au contraire, tout à la fois vive et romanesque, communicative et sentimentale, avait beaucoup plus de brillant dans l'esprit, — bien plus d'entrain, de montant, — et des câlineries caressantes qui rendaient le vieux soldat presque fou de joie.

Le commandant ne se dissimulait point que ses filles, malgré leur beauté et leur éducation, trouveraient difficilement à se marier, eu égard à l'extrême exiguité de leur dot.

Il cherchait à les dédommager, autant que cela pouvait dépendre de lui, du célibat forcé auquel il craignait de les voir fatalement condamnées.

En conséquence il leur procurait tous les plaisirs qui s'accordaient avec sa modeste fortune.

Ces plaisirs ne pouvaient être bien nombreux.

En été, c'étaient des promenades dans les environs de Paris, — de petits dîners sur l'herbe, dans les bois, — des courses en canot sur la Seine, — des apparitions dans les bals champêtres.

En hiver, les parties de spectacle remplaçaient tout cela et plaisaient aux jeunes filles, à Suzanne surtout, plus que les distractions champêtres (les bals exceptés.)

Or, — disons-le tout de suite, — le digne commandant ne se montrait point assez difficile sur le choix des pièces auxquelles il conduisait ses filles.

Il suffisait que le feuilleton de son journal lui eût recommandé tel mélodrame ou tel vaudeville pour qu'il les fît voir à Berthe et à Suzanne, — et l'on sait que messieurs les feuilletonnistes ne sont point toujours des juges d'une moralité bien irréprochable.

Ces pièces, quelles qu'elles fussent, amusaient Berthe, mais ne laissaient aucune trace dans son esprit ni dans son cœur.

Il n'en était point de même pour Suzanne.

Nous avons dit plus haut qu'elle était romanesque.

Les spectacles auxquels elle assistait développaient cette disposition au plus haut point.

Elle s'identifiait avec chaque héroïne de vaudeville et de mélodrame, — elle riait ou pleurait avec elle, — elle pensait pendant plusieurs jours aux catastrophes imaginaires qui l'avaient si profondément émue, — elle y rêvait la nuit, et, de jour en jour, elle envisageait le monde sous des couleurs de plus en plus fausses.

Ajoutons à cela que le commandant laissait, à la maison, ses filles parfaitement maîtresses de faire tout ce que bon leur semblait.

Suzanne se prit à aimer passionnément la lecture.

Le commandant applaudit de toutes ses forces à ce goût nouveau.

Il prit un abonnement au principal cabinet littéraire de Belleville.

Suzanne se mit à dévorer une incommensurable quantité de pièces de théâtre, un nombre effrayant de romans.

Et, tout cela, sans choix, sans discernement, au hasard.

La loueuse était l'unique arbitre des lectures de la jeune fille.

Ce qu'elle envoyait était accepté.

Nous ne voulons point ébaucher une tirade sur le danger des lectures de ce genre.

Cette tirade, — dans le présent livre, — serait parfaitement ridicule et déplacée.

Cependant on ne peut nier que les romans ne soient une nourriture mauvaise et indigeste pour les esprits qui ne sont point encore suffisamment mûris et formés.

Certes, si nous avions une fille, nous ne lui laisserions pas lire nos œuvres, — ni celles de nos confrères.

Au danger de ces lectures s'en ajoutait un autre.

Le commandant n'était point impie, mais en matière de religion il était fort ignorant et tout à fait indifférent.

Il croyait remplir grandement ses devoirs de

père en conduisant tous les dimanches ses deux filles à une messe basse.

Peu à peu, et forcément, les principes religieux que Berthe et Suzanne avaient reçus dans leur pension, s'affaiblirent, puis s'effacèrent.

Alors tomba la dernière sauvegarde qui pouvait préserver Suzanne du danger, — si le danger se présentait.

Nous disons : Suzanne, — et non point Berthe, parce que cette dernière était à peu près suffisamment défendue par l'extrême réserve de son esprit, et par l'infinie délicatesse de son cœur.

Les quelques lignes qui précèdent nous semblent suffisantes pour bien faire comprendre les pages qui vont suivre.

§

C'était un après-midi de la fin de l'automne.

Berthe et Suzanne se trouvaient ensemble dans le petit boudoir contigu au salon du rez-de-chaussée.

Berthe travaillait à un ouvrage de broderie.

Suzanne lisait le dix-septième volume du *Vicomte de Bragelonne*.

Tout à coup elle posa son livre.

— Oh! — s'écria-t-elle,— pourquoi n'avons-nous pas vécu du temps de Louis XIV!!!...

Berthe se mit à rire.

— Pourquoi ris-tu ? — demanda Suzanne.

— Parce qu'il me semble que tu regrettes en ce moment d'être jeune, et que, d'habitude, tu ne fais point aussi bon marché de tes dix-sept ans !...

— C'est vrai, ma sœur, — mais, franchement, je ne sais pas si je ne consentirais point à avoir, à l'heure qu'il est, cent ans passés, pour avoir brillé jadis à cette cour du grand roi... parmi ces filles d'honneur qui s'appelaient La Vallière et Tonnay-Charente...

— Et que t'en resterait-il, ma pauvre enfant ?

— Le souvenir !...

— C'est bien peu de chose !...

— Peu de chose !... ah ! nous ne nous comprenons pas !... — Vivre par le souvenir, au moins, c'est avoir vécu !... — Mourir !... qu'importe, quand on se souvient ?... — Est-ce que tu trouves que nous vivons ?

— Mais oui, — répondit Berthe en souriant.

— Oh ! d'abord, toi, tu te contentes de tout.

— C'est, peut-être, que je ne souhaite pas, comme toi, devenir princesse...

— Tu as des goûts du dernier bourgeois !...

— Mais, que suis-je donc, ma chère ? — une bourgeoise... et toi aussi, par parenthèse, ma pauvre Suzanne.

Suzanne pencha la tête d'un air découragé.

— C'est vrai ! — murmura-t-elle, — une bourgeoise !... c'est le mot !... il faut ployer ses ailes !... vivre dans cette atmosphère étouffante !... garder le silence, car on ne me comprend pas !...

Pendant quelques secondes, Suzanne sembla s'absorber dans la pensée amère qu'elle venait de formuler d'une façon si prétentieusement poétique.

Puis elle releva son livre et reprit sa lecture un instant interrompue.

III

LE CHEVALIER DE MAISON-ROUGE.

Quelques minutes s'écoulèrent.

Berthe continuait à broder en fredonnant un air de romance nouvelle.

Suzanne lisait avec acharnement.

La porte qui donnait dans le salon s'ouvrit et le commandant Simon parut sur le seuil.

Les jeunes filles poussèrent une exclamation joyeuse.

Suzanne, plus prompte que Berthe, jeta son livre à cinq ou six pas et, bondissant comme une jeune biche, s'élança au cou de son père qu'elle embrassa bruyamment sur les deux joues.

Le commandant Simon était un homme de haute taille et d'une apparence encore vigoureuse, malgré son âge.

Quoiqu'il fût ce qu'on est convenu d'appeler *un grognard*, il ne portait point le costume traditionnel de l'emploi, c'est-à-dire la longue redingote bleue boutonnée jusqu'en haut, et rejoignant un col de crinoline noire à liseré blanc.

Il était vêtu comme un bon bourgeois, d'un paletot vert bouteille, d'un gilet soufre et d'un pantalon gris, descendant sur des guêtres pareilles et sur des souliers vernis.

Trois choses, seulement, trahissaient en lui le vieux soldat.

Une profonde cicatrice qui partait du coin de l'œil gauche pour aller se perdre du même côté, sous la mâchoire, divisant la joue en deux parties égales.

Le ruban rouge noué à la boutonnière du paletot.

Et enfin, les longues moustaches encore noires,

mélangées de quelques poils blancs, qui tranchaient sur le reste du visage soigneusement rasé.

Malgré ses moustaches formidables et sa glorieuse balafre, la figure du commandant, bien loin d'être terrible et farouche, exprimait une bonhomie naïve et une grande tendresse paternelle.

Du moins telle était sa physionomie devant ses filles.

Sans doute, autrefois, elle se montrait bien différente devant l'ennemi.

— Bonjour, bon père... bon père, bonjour... — dit Suzanne en coupant chacune de ses paroles par un baiser.

Berthe, à son tour, vint embrasser le commandant.

— Père, — demanda Suzanne, — quand M. Simon se fut débarrassé de son chapeau et assis, — d'où venez-vous?

— D'où je viens, petite curieuse?

— Oui, père, dites-le nous.

— Eh bien, je viens de Paris.

— Alors vous devez être fatigué, — vous avez soif peut-être, — voulez-vous que je vous prépare un bon grog au rhum? — dites vite — j'aurai bientôt fait...

— Merci, chère petite...

— Vous voulez bien?

— Non, mon enfant, je ne suis pas fatigué et je n'ai pas soif...

— Oh!...

— Et, cela, pour deux bonnes raisons.

— Lesquelles?

— C'est que je suis entré au café, où j'ai bu de la bière, — et que je suis revenu en omnibus.

— A la bonne heure, petit père; — et qu'est-ce que vous étiez allé faire à Paris?

— Me promener.

— Voilà tout?

— Oui.

— Petit père, vous riez... il y a autre chose...

— Et, que veux-tu qu'il y ait?

— Je n'en sais rien, et c'est pour cela que vous allez nous le dire...

— Eh bien! curieuses enfants, je suis allé à Paris un peu pour vous...

— Pour nous?

— Je voulais vous faire une petite surprise...

— Vrai?

— Sans doute.

— Et, vous nous la ferez?

— Parbleu!

— Quand?

— Ce soir.

— Et, qu'est-ce que c'est ?

— Devinez !...

Suzanne se mit à réfléchir.

Au bout d'un instant elle hocha sa jolie tête, en disant :

— Ma foi, je ne peux pas trouver !... et toi, Berthe ?

— Ni moi non plus, — répondit la sœur aînée.

— Père, est-ce un cadeau ? — demanda Suzanne.

— Pas précisément.

— Alors c'est un plaisir.

— Oui.

— Et pour ce soir ?

— Oui.

— Eh bien ! — s'écria Suzanne joyeusement, — je parie que vous allez nous mener au spectacle...

— Et tu gagnes ton pari, — dit le commandant ; — il y avait longtemps que nous n'étions allés au théâtre, j'ai pensé que cela vous ferait plaisir aujourd'hui...

— Oh ! oui, père, bien plaisir !... — dirent les deux jeunes filles.

Puis Suzanne reprit :

— Et à quel théâtre irons-nous ?

— Au Théâtre Historique.

— Quel bonheur! et, qu'est-ce qu'on joue?

— *Le chevalier de Maison-Rouge.*

— Une pièce de Dumas!... oh! petit père! petit père! que nous sommes contentes, et que nous vous remercions donc!...— Mélingue joue-t-il dans cette pièce?

— Oui,— et Laferrière aussi.

— Mon Dieu que cela doit donc être joli!...

— Et, — poursuivit le commandant, — c'est là-dedans que se chante le fameux chœur:

> Mourir pour la patrie,
> Mourir pour la patrie,
> C'est le sort le plus beau, le plus digne d'envie, etc.

Tu sais, nous l'entendons souvent répéter le soir par des bandes d'ouvriers qui passent. — C'est un air superbe, il faudra que tu l'apprennes et que tu me le joues sur ton piano...

— Tout ce que vous voudrez, petit père.

— Le spectacle commence de bonne heure car le drame est, je crois, en dix ou douze tableaux... — j'ai une idée, mes enfants, que je crois bonne et que je vais vous soumettre...

— Dites vite, petit père.

— C'est de donner congé à Mariolle pour ce

soir... et de nous en aller dîner tous les trois chez assoir...

Suzanne oublia, tout aussitôt, les grandeurs tant enviées de la cour de Louis XIV, et se mit à sauter comme une enfant.

— Fête complète !... — s'écria-t-elle — mon Dieu ! mon Dieu ! mon Dieu ! que nous allons nous amuser !...

Le commandant, radieux de la joie de ses filles, se frottait les mains avec transport.

— Oh ! oui, bon père, — reprit Suzanne, allons de bien bonne heure !... — Voyez donc ! si nous ne trouvions pas de place, quel chagrin !...

— Ah ! il n'y a pas de danger. — Je réponds de tout.

— La pièce n'attire donc pas beaucoup de monde ?

— Salle comble, au contraire, — à midi la queue commence à se former sur le boulevard.

— Eh bien ?

— Eh bien ! mes enfants, j'ai une loge.

Et, en effet, le commandant tira de la poche droite de son gilet un coupon jaune sur lequel se lisaient ces mots :

THÉATRE HISTORIQUE.

SECONDES LOGES.

N° 47. — *Quatre places.*

La vue de ce coupon rassura Suzanne et empêcha toute inquiétude de se mêler à sa joie.

— Maintenant, mes enfants, — reprit M. Simon, voici qu'il est bientôt quatre heures, il faut songer à votre toilette...

— Oh! père, avant cinq minutes nous serons prêtes...

Les deux sœurs embrassèrent de nouveau le commandant, puis, légères comme des oiseaux, elles s'envolèrent dans l'escalier qui conduisait à leur chambre.

Leur toilette, en effet, ne fut pas longue.

Au bout de dix minutes elles revinrent.

Elles étaient mises de la même façon et avec une simplicité délicieuse de fraîcheur et d'élégance.

Elles portaient des jupes de batiste, à fond blanc, semées de petits bouquets d'un rose très-pâle.

Des corsages de piqué blanc dessinaient leurs tailles souples et d'un modelé irréprochable.

De petits mantelets de gros de Naples noir, simplement garnis d'un ruban de velours, et des chapeaux de paille, ruchés et doublés de rose, complétaient leur toilette.

— Petit père, nous sommes exactes... — dit Suzanne...

— Oui, mes enfants, vous pratiquez admirablement l'heure militaire... surtout quand il s'agit de vous amuser.

— Comment nous trouvez-vous?
— Ravissantes !
— Vrai?
— Eh ! vous le savez bien !... et je suis plus fier de mes deux petits troupiers que l'empereur Napoléon ne l'était des régiments de sa vieille garde!...

IV

TROIS VIVEURS.

— Maintenant, — reprit le commandant, — il s'agit d'envoyer Mariolle nous chercher une voiture...

— Une voiture? — demandèrent les deux jeunes filles, — pourquoi faire?

— Mais, ce me semble, pour aller dîner...

— Oh ! petit père, — s'écria Suzanne, — il fait si beau !... à moins que vous ne soyez fatigué, je vous en prie, allons à pied...

— Ma foi, je ne demande pas mieux... Si je songeais à une citadine. c'était pour vous, mes enfants, pour vos fraîches toilettes... quant à moi, je préfère de beaucoup marcher en fumant mon cigare...

Le commandant et ses filles descendirent donc, lentement et à pied la longue rue de Belleville.

Chemin faisant, Berthe et Suzanne firent une ample récolte de regards adulateurs.

Quand les jeunes filles avaient passé, chacun se retournait pour les voir encore.

Mais Suzanne prisait peu ces admirations plébéiennes.

Après avoir traversé le pont du canal et longé la rue du Faubourg du Temple, nos trois personnages arrivèrent au restaurant Passoir.

Cet établissement culinaire est à peu près inconnu à la population aristocratique qui hante les cabarets en renom, — la Maison Dorée, — les Frères Provençaux, — le Café Anglais.

Mais, parmi les gentlemen du boulevart Beaumarchais, parmi les lions de la Place Royale, les artistes de la Gaîté, du Cirque, de l'Ambigu, etc... et enfin parmi tous les habitués des théâtres du boulevart, il jouit d'une renommée glorieuse qu'il partage avec les restaurants Deffieux et Bonvalet.

Cette réputation, du reste, n'est point usurpée, on ne dîne pas mal chez Passoir.

Le commandant s'installa dans un petit cabinet du rez-de-chaussée, avec ses filles, et leur laissa le soin de composer, comme elles l'entendraient, le menu du dîner.

Elles s'en tirèrent à merveilles, et le repas fut des plus gais, — seulement, un peu court au gré du commandant, à qui Suzanne ne laissait qu'à peine le temps de manger, éperonnée qu'elle était par la crainte de manquer les premiers mots de la première scène du drame.

Enfin l'addition fut payée, et à la grande joie des jeunes filles on se dirigea vers le théâtre Historique.

§

Il n'existe plus, ce beau théâtre, — ou, du moins, il a complètement changé de destination.

Il s'appelle aujourd'hui OPÉRA NATIONAL, *troisième théâtre Lyrique.*

Le libretto a remplacé le drame.

Les ariettes et les grands airs ont pris la place des tirades et des coups de poignard.

On n'y parle plus, on y chante.

Où retentissait l'organe sonore et métallique de Mélingue, interprétant les œuvres de Dumas, — on entend aujourd'hui la voix de fauvette de madame Cabel, chantant la musique d'Adam.

Certes, nous apprécions la bonne musique, autant que qui que ce soit.

Et, cependant, nous l'avouons, nous avons regretté de tout notre cœur de voir enlever au drame cette scène magnifique où le drame s'étalait à l'aise.

Le Théâtre Historique, au beau temps de sa splendeur, avait pris la première place immédiatement au-dessous, sinon même à côté, du Théâtre Français.

Sans parler des pompes splendides que, si souvent, nous l'avons vu dérouler, il avait atteint une si merveilleuse habileté de mise en scène que c'était la nature prise sur le fait.

Le Théâtre Historique n'a pu vivre...

Tant pis !

Toujours est-il qu'il rendait à l'art de plus grands services que ne lui en rendront jamais les rossignolades de madame Marie Cabel, quoique madame Marie Cabel soit, sans contredit, une cantatrice ravissante.

§

Donc on jouait le *Chevalier de Maison-Rouge* ce soir-là, et ainsi que nous l'avons entendu dire au commandant, ce drame, alors dans sa nouveauté, faisait salle comble tous les soirs.

Au moment où le vieux militaire et ses filles prirent possession de leur loge, il s'en fallait de plus d'une demi-heure que le signal ne fut donné au chef d'orchestre pour l'ouverture.

Ce bon M. Varney, qui ne se doutait guère que ce fameux air de sa composition :

> Mourir pour la patrie, etc.

allait, quelques mois plus tard, contribuer à une révolution, en fournissant à l'excellent peuple parisien une sorte de *Marseillaise* de circonstance, n'occupait point encore son trône musical.

Il se faisait dans la salle ce grand mouvement d'allées et de venues, — ce grand bruit de portes qui s'ouvrent et qui se ferment, — de tabourets qu'on dérange et de petits bancs qu'on remue, qui précède toujours les représentations d'une pièce en vogue.

La salle se garnissait peu à peu.

Bientôt il ne resta plus aucune place vacante.

Berthe et Suzanne savouraient d'avance le plaisir qu'elles allaient goûter.

Enfin, les musiciens de l'orchestre apparurent l'un après l'autre devant leurs pupitres.

Celui-ci prit en main son archet, — cet autre sa

flûte, — ceux-ci et ceux-là leurs chapeaux chinois, leurs clarinettes, leurs ophycléides, leurs cymbales, leurs tampons de grosses caisses, etc... etc...

M. Varney vint ensuite et s'assit, son bâton de commandement à la main.

On entendait courir, au-dessus de toutes ces cordes, au-dessus de tous ces cuivres ce frémissement sonore qui annonce que la grande âme musicale de l'orchestre va bientôt s'éveiller.

Chaque instrument donne sa note à cette mélopée confuse et dont l'effet est indescriptible.

Trois coups retentirent derrière la toile.

Monsieur Varney leva son archet.

L'ouverture commença.

§

Dans l'avant-scène de la galerie, faisant face à *l'avant-scène des Princes*, se trouvaient trois jeunes gens.

Deux d'entre eux appartenaient au monde des *viveurs* de la plus fringante espèce.

Le premier, grand garçon de vingt-huit à trente ans, offrait un visage distingué, dont une barbe noire qu'il portait entière, faisait encore ressortir la pâleur presque maladive.

Il se nommait le baron Armand d'Angirey.

Le second, petit et blond, mince et rose, ressemblait pour le moins autant à une jeune fille qu'à un viveur.

Il avait vingt-cinq ans et il paraissait en avoir tout au plus dix-huit.

Rien au monde ne le désespérait autant que cette juvénile et virginale apparence.

Vainement il passait la moitié des nuits au jeu ou dans des soupers pour se pâlir les joues et se fatiguer le visage.

Ses yeux restaient d'un bleu pur et enfantin, — ses joues ne perdaient point leur teinte rosée et leur velouté de pêches mûres.

Vainement il mettait son chapeau sur l'oreille de la façon la plus tapageuse.

Vainement il retournait en crocs, à grand renfort des cosmétiques parfumés de Galabert, les pointes soyeuses de sa moustache naissante et quasi imperceptible.

Rien n'y faisait !!!

Il avait la douleur d'entendre les bourgeoises, passant auprès de lui, dire à leurs maris en le désignant :

— Mon Dieu !... que ce joli petit jeune homme a donc l'air doux !...

C'était désespérant !...

D'autant plus désespérant, qu'Albert de Breurey, — (ainsi se nommait le viveur rosé), — n'était en réalité rien moins que doux.

Deux ou trois fois par semaine il cravachait son groom.

Il avait, dans un accès de colère, brûlé la cervelle à un cheval anglais de deux mille écus, pour le punir d'une frasque insignifiante.

Enfin, un jour, il s'était battu avec son meilleur ami qui lui avait dit, en plaisantant : qu'il n'aurait qu'à couper ses moustaches pour jouer admirablement, comme feu le chevalier de Faublas, le personnage de mademoiselle Duportail.

Dans cette rencontre, Albert avait reçu tout au travers du corps un coup d'épée quasi mortel.

Sa blessure l'avait cloué au lit pendant plus de deux mois.

Le troisième habitant de l'avant-scène s'appelait Clodius Renard.

C'était un gros garçon, petit et fort laid.

Son large visage, d'une nuance presque aussi ardente que ses cheveux et ses favoris roux, avait, en outre, une expression de suffisance et de fatuité de l'effet le plus ridicule.

L'excessive élégance de sa toilette ne parvenait

point à le faire paraître moins lourd et moins commun.

Clodius Renard, fils d'un ex-huissier qui avait gagné une immense fortune en faisant l'usure, — (aux beaux temps, déjà loin de nous, où les usuriers s'enrichissaient) Clodius Renard, disons-nous, ne devait qu'à ses deux cent mille livres de rentes l'honneur insigne d'être *tutoyé* par quelques-uns des viveurs aristocratiques.

Il avait des chevaux merveilleux.

Des maîtresses ravissantes.

Il donnait des soupers où se renouvelaient les divertissements licencieux des nuits de la Régence.

Tout cela l'avait fait accepter, du moins tolérer dans la haute bohême.

Georges de Giverny lui disait :

— Mon bon...

Maxime de Bracy lui rendait quelquefois son coup de chapeau.

Enfin, messieurs d'Angirey et de Breurey, nous l'avons vu, se montraient de temps à autre au spectacle en sa compagnie.

Ce soir-là, ces messieurs venaient de dîner ensemble.

Ils n'étaient pas ivres, — oh ! non !... — mais un tant soit peu avinés.

Cela ne s'apercevait qu'à peine.

Armand n'en paraissait pas plus pâle...

Albert pas moins rose...

Clodius restait également rouge.

V

CONVERSATION.

Messieurs les viveurs de bonne souche, — croyez-le bien, — ne viennent guère au spectacle comme de simples bourgeois, tout simplement pour le spectacle.

Ils s'installent dans leur fauteuil d'orchestre ou dans leur avant-scène, pour voir et pour être vus, mais surtout pour tuer le temps.

Ce qui se passe dans la salle a beaucoup plus d'intérêt pour eux que ce qui se dit sur la scène.

A moins qu'ils ne s'intéressent d'une façon toute particulière à quelqu'actrice, il est bien rare qu'ils écoutent.

Et ils ont raison.

A quoi cela leur servirait-il d'écouter?

Ils ne comprendraient pas !...

Car nous les tenons, ces beaux fils, pour les plus francs imbéciles que la terre ait jamais porté.

Sans doute il y a des exceptions.

Mais les exceptions sont rares. — et, d'ailleurs, elles ne font que confirmer la règle.

Quelques-uns des plus fringants matadors de la moderne jeunesse dorée, paraissent, au premier abord, avoir de l'esprit.

Qu'est-ce que cet esprit ? — Une marqueterie de mots plus ou moins neufs ; — des lambeaux maladroitement cousus du langage des coulisses et de l'argot des ateliers.

Fouillez sous cette surface brillante, et vous verrez ce que vous trouverez.

Armand, Albert et Clodius ne donnèrent pour ainsi dire pas signe de vie pendant les premiers tableaux du drame.

Confortablement installés dans les fauteuils suffisamment moelleux qui meublaient l'avant-scène, — la tête penchée en arrière et les mains croisées sur l'abdomen, — les yeux à demi fermés et le regard atone, — ils semblaient complètement étrangers à tout ce qui se faisait et disait sur les planches, au-dessous d'eux.

Ces messieurs, cependant, ne dormaient pas.

Ils digéraient?...

Et tout le monde sait que, pour un estomac qui se respecte, le grand acte de la digestion doit être opéré dans le calme et le recueillement.

Vers le commencement du troisième acte, les viveurs se manifestèrent.

Armand d'Angirey se souleva dans son fauteuil.

Il lustra de la main les touffes soyeuses de sa barbe noire.

Il rajusta le camélia rose et blanc qui illustrait l'une des boutonnières du revers gauche de sa redingote.

Il prit la gigantesque jumelle qui reposait sur le rebord de l'avant-scène.

Il en essuya les verres avec la peau souple de son gant, — et, après avoir approché de ses yeux les doubles canons de cette jumelle, il se pencha en dehors et dit :

— Voyons donc un peu ce qu'il y a dans la salle ce soir...

— Ah! oui, — voyons donc un peu, — répétèrent l'un après l'autre Albert et Clodius, en préparant leurs lorgnettes.

Après quelques secondes d'examen, Armand se retourna vers ses compagnons :

— Dis donc, Albert, — fit-il.

— Eh bien ?
— Regarde.
— Quoi ?
— Aux premières loges.
— De quel côté ? — Tu sais que je n'aime pas à chercher pendant une heure...
— Loges de la galerie, — la troisième après le couloir qui tient aux fauteuils de balcon.
— Je vois... je vois...
— Reconnais-tu Sydonie ?...
— Parfaitement.
— Sydonie ! — s'écria Clodius, — la petite Sydonie... Ah ! oui... ah ! oui... une ancienne à moi... laissez-moi donc un peu voir, mes très-chers.

Clodius braqua sa lorgnette sur la loge désignée.

— Oui, ma foi, — fit-il, — c'est bien elle... Voilà qu'elle me fait des signes avec son bouquet...

Et Clodius agita en façon de nageoire, sa large main gantée en murmurant :

— Bonsoir, petite... bonsoir... bonsoir...

Armand reprit :

— L'un de vous connaît-il cette femme en robe de moire bleue qui est dans la loge contiguë à celle de Sydonie ?...

— Ma foi non, — répondit Albert.

— Laissez-moi voir, mes très-bons, — reprit Clodius. — Ce doit être une ancienne à moi...

Il regarda.

Puis, après avoir bien regardé, il eut la franchise très-rare de répondre :

— Eh bien ! non, — je ne la connais pas... — En vérité, c'est fort extraordinaire !...

— Belle créature ! — fit Armand.

— Oui, — répliqua Albert, — beaucoup de *race !*...

— Le fait est qu'il est impossible d'avoir plus de *sang !*...

— Je mettrais volontiers une *boxe* à sa disposition pour une semaine ou deux, — dit Clodius avec un gros rire.

— La tête est bien !...

— L'œil a du feu... — fit Albert.

— Les nazeaux, qui se dilatent à chaque aspiration, annoncent la vivacité unie au fond...

— Que dis-tu de l'encolure ?

— C'est, jusqu'à présent, ce que je trouve de moins correct dans cette personne...

— Comment !

— Oui. — Elle me semble un peu courte. — Ce qui l'oblige à porter au vent...

— Elle gagnerait peut-être à s'encapuchonner ; —

mais remarquez qu'alors la poitrine ressortirait moins...

— C'est juste...

— Et, tel qu'il est, ce poitrail est remarquable...

— Très-remarquable !...

— C'est développé !...

— Résistant !...

— Oh! bel avant-main !...

En ce moment la jeune femme, de qui s'occupaient les viveurs, changea de position.

— Ah ! — dit vivement Albert, — la voilà qui se retourne...

— Que penses-tu de l'arrière-main ?

— Je pense qu'il est aussi remarquablement dégagé !...

— Les hanches sont souples !...

— Le rein flexible !...

— Et tout cela suffisamment charnu, sans que l'embonpoint nuise à la finesse.

— Décidément, — murmurait Clodius, — je lui offrirai une boxe...

— A côté de la loge de cette inconnue, — dit Armand, — il y a une autre femme, habillée de gris perle, — et maigre comme une pouliche entraînée trop jeune, et à laquelle il faudrait le vert et le repos, mais jolie pourtant...

— Mais, — répliqua Albert, nous ne connaissons que ça, — c'est Coralie...

— Coralie !... Une ancienne à moi... — Oh! laissez-moi voir, mes très-bons... — s'écria Clodius selon son invariable habitude,— je vous en prie, laissez-moi voir.

. . . .

Si nous venons de reproduire, un peu trop longuement peut-être, le dialogue insignifiant qui précède, c'est qu'il nous a semblé utile de donner à nos lecteurs un échantillon des conversations tenues presque chaque soir au théâtre entre sportmen de haut parage, dans ce langage hippique qui constate la prééminence de la science vétérinaire, comme complément de l'éducation d'un jeune homme à la mode.

. . . .

Cependant les viveurs continuaient à passer leur revue.

Les canons menaçants de leurs jumelles ne restaient point oisifs.

Ils venaient d'explorer successivement toutes les loges du premier rang, — tous les fauteuils du balcon, — les places, enfin, occupées plus spécialement par l'aristocratie de nom, par l'aristocratie de finance et par les héroïnes de la bohême galante.

Le rayon visuel des lorgnettes fut alors tourné vers l'étage supérieur, asile ordinaire des familles de la bourgeoisie et du commerce de second ordre.

Et, bien souvent, c'est dans ces loges qu'étincellent les plus beaux yeux, — que brillent les plus frais visages.

Le commandant et ses filles occupaient, nous le savons, une de ces loges.

C'était pendant un entr'acte.

Monsieur Simon venait de sortir, pour aller chercher des oranges que l'admiratrice enthousiaste des pompes et de l'étiquette du grand siècle ne devait cependant point dédaigner de croquer, de ses blanches dents, en face d'un public prolétaire.

Berthe et Suzanne étaient donc seules.

VI

UN PARI.

Donc Berthe et Suzanne étaient seules, — nous l'avons dit — au moment où les verres grossissants de la lorgnette d'Armand d'Angirey se dirigèrent vers la loge qu'elles occupaient.

Le grand jeune homme pâle, à barbe noire, ne put retenir une exclamation de surprise et d'admiration passionnée.

— Eh bien! — demanda Albert. — Eh bien! qu'y a-t-il donc?

— Oh! mon cher, une merveille!

— Ah! bah!

— Deux jeunes filles, deux merveilles, alors? — fit Albert en riant.

— L'une surtout, — répliqua Armand, — elle est, sans contredit, ce que j'ai vu jusqu'à ce jour de plus ravissant...

— Oh! mes biens bons... laissez-moi voir, — articula Clodius, — ce doit être une ancienne à moi...

— Je ne crois pas.

— Et pourquoi donc?

— Tes anciennes, jeune millionnaire, ne se compromettraient point jusqu'à venir ici dans une loge des secondes.

— Comment, c'est donc aux secondes loges qu'elle est juchée, cette merveille?

— Justement.

— Peuh! — fit Clodius d'un air dédaigneux, en se réinstallant dans son fauteuil. — Alors, ce doit être quelque petite bourgeoise... quelque fille de marchand de la rue Saint-Denis...

— Quelque nièce d'huissier, peut-être! — dit en riant Armand qui, de temps à autre, ne dédaignait point d'envoyer une flèche aiguë dans l'épaisse cuirasse du sot amour-propre de Clodius Renard.

Ce dernier, — chose invraisemblable! — parut rougir.

Il passa du pourpre le plus foncé au violet apoplectique.

Il baissa la tête et ne répondit pas.

Cependant Albert, — le viveur rose et blond, — avait regardé à son tour et partageait de tout point l'enthousiasme d'Armand.

— Quelles peuvent être ces jeunes filles? — demanda-t-il.

— Ma foi, je n'en sais rien... deux sœurs, à coup sûr, car elles sont mises exactement de la même façon et il y a même entre elles quelque vague ressemblance... — Mais, quant à leur position sociale, je ne puis deviner; les indices me manquent.

— Sans doute, ainsi que le disait l'ami Clodius tout à l'heure, ce sont des bourgeoises.

— Eh bien, mais avec des bourgeoises comme cette petite fille, je m'encanaillerais volontiers... — Je t'assure que cela serait fort bien porté!

— Une chose m'étonne...

— Laquelle?

— Elles sont seules, c'est assez bizarre... Des jeunes filles honnêtes ne viennent guère au théâtre sans être accompagnées...

— Qui sait? ce sont peut-être des prêtresses de Vénus en herbe, des Laïs à leurs débuts.

— Dans ce cas, je les patronnerais volontiers.

— Une idée...

— Voyons.

— Si nous leur offrions à souper?

— Ça peut se faire. — Mais, alors, il faut aller les trouver dans leur loge.

— Eh bien! c'est facile.

— Sans doute, mais si pourtant ce sont des filles honnêtes?

— Elles mettront à la porte celui qui se chargera de porter l'invitation; voilà tout... Ce sera, somme toute, un assez médiocre malheur.

— Lequel de nous sera l'ambassadeur?

— Tirons au sort.

— Comment?

Armand prit dans sa poche quelques pièces d'or. Sans les compter il les mit dans sa main fermée.

— *Pair* ou *impair?* — dit-il ensuite. — Si tu devines, c'est moi qui me chargerai de prendre la parole et d'entamer le siége.

— Soit! — fit Albert.

Et il ajouta.

— Impair.

Armand ouvrit sa main.

— Il y a cinq pièces d'or, — fit-il, — j'ai perdu, et je m'exécute à l'instant...

Il se leva, prit son chapeau et s'apprêta à sortir de l'avant-scène.

Albert apprêta sa jumelle.

— Je veux jouir, — dit-il, — de l'effet que ton entrée va produire sur les deux tourterelles...

— Souhaite-moi bonne chance.

Et Armand mit la main sur le bouton de porte.

Mais au moment où il allait ouvrir, Albert le rappela vivement.

— Qu'est-ce donc? — demanda Armand.

— Reviens, reviens... il n'y a rien à faire.

— Pourquoi?

— Elles ne sont plus seules.

— Ah! ah!... l'accompagnateur est revenu!

— Oui.

— Un père?... un amant?

— Des moustaches noires, — des cheveux gris, — un ruban rouge.

— Tout ceci me paraît paternel au dernier point, — répliqua Armand en reprenant, tout à la fois, son fauteuil et sa jumelle.

— Ma foi! — dit-il après quelques secondes de nouvel examen, — je crois que si ces moustaches noires et ce ruban rouge m'avaient trouvé en train d'inviter à souper ces chapeaux roses, il y aurait eu, quoiqu'il ait l'air bonasse, une explication assez verte!

— Je suis de ton avis! — répliqua Albert, — ce ci-devant grognard des armées impériales, quoiqu'il ait l'air bonasse, doit être cassant!

— C'est égal! il a une bonne tête, le vieux troupier!

— Qu'était-il allé faire dehors, abandonnant ainsi sa virginale progéniture?

— Ne le vois-tu pas? — Il était allé quérir les oranges qu'il distribue maintenant à ses deux tourterelles.

— C'est juste! dans une seconde nous allons les voir becqueter.

Le jeune homme ne se trompait pas.

Au bout de quelques instants, Berthe et Suzanne enfonçaient leurs dents blanches dans la chair juteuse et parfumée des oranges.

Cependant Armand ne détournait point sa jumelle de dessus la loge des secondes.

Albert ! — dit-il tout à coup.

— Eh bien ?

— Il était question tout à l'heure de souper avec ces chérubins.

— Oui, mais, franchement, la partie me semble compromise.

— Si tu veux, le souper tient toujours.

— Pour aujourd'hui ? s'écria Albert.

— Non, pour d'aujourd'hui en six semaines. — Je t'invite à souper avec la plus jolie des deux sœurs.

— Allons donc ! tu plaisantes ?

— Je parle sérieusement.

— Eh bien ! je te défie de faire ce que tu avances ?

— Tu me défies ?

— Parfaitement.

— Un pari, alors ?

— Soit !

— Combien ?

— Ce que tu voudras.

— Cinq cents louis ?

— Mille si cela te plaît ! — Clodius, te mets-tu de moitié dans mon pari ?

— Je ne me mets de moitié dans rien ! — répondit le gros garçon d'un ton bourru.

Cet héritier millionnaire d'un huissier qui faisait l'usure avait été blessé au vif par le sarcasme que nous avons rapporté plus haut.

Rien au monde ne l'exaspérait davantage qu'une allusion à l'ex-profession de feu son père.

— Cinq cents louis suffisent. — reprit Armand, — Est-ce bien convenu ?

— Oui.

— Il est entendu que si, d'ici à six semaines, je t'ai fait souper avec cette délicieuse créature, tu me payeras cinq cents louis ?

— C'est parfaitement entendu.

— Alors, touche-là.

Les deux jeunes gens se frappèrent dans la main et, comme ce sujet de conversation était épuisé, ils parlèrent d'autre chose.

§

Pendant l'entr'acte suivant, Armand d'Angirey quitta l'avant-scène.

Peut-être nos lecteurs pensent-ils qu'il se dirigea vers l'escalier qui conduisait au second étage.

Il fit précisément la manœuvre contraire.

Il gagna les couloirs du rez-de-chaussée et le vestibule du théâtre.

Sur une banquette destinée aux domestiques, un groom, si mince, si petit, si fluet, qu'il ressemblait à un enfant de dix à douze ans, était endormi profondément.

Ce groom portait une culotte de velours blanc, — des bottes à revers, — une redingotte bleue à boutons armoriés, et un chapeau sans galons, mais orné d'une large cocarde noire.

Armand lui appuya le doigt sur l'épaule.

En moins d'une seconde, comme si l'on avait touché le ressort qui faisait mouvoir un automate, le groom fut debout, dans une attitude respectueuse, et le chapeau à la main.

A sa taille, nous le répétons, on lui aurait donné douze ans, tout au plus.

Mais ses traits, déjà parfaitement formés, et surtout l'expression de son visage, annonçaient qu'il en avait au moins quinze ou seize.

Son regard exprimait la finesse, la ruse, l'astuce, et surtout la perversité la plus profonde.

A coup sûr, cet enfant ne devait jamais grandir.

L'usage immodéré des liqueurs fortes et l'abus des précoces débauches, en corrodant ses muscles et ses nerfs, l'avaient rapetissé en quelque sorte, mais sans toucher à son intelligence machiavélique de Crispin en herbe, et de Mascarille futur.

VII

UN GROOM.

— Georges, — lui dit Armand, — écoute.

Le groom fit un geste qui signifiait clairement :

— Je suis tout oreilles.

— Sais-tu où il y a, près d'ici, une station de coupés et de cabriolets de régie ?

— Oui, monsieur le baron. — Il y en a une à deux pas, rue de Bondy, presqu'en face le Château-d'Eau.

— Tu vas y courir.

— Oui, monsieur le baron.

— Tu prendras un coupé ou un cabriolet, — aie soin que le cheval soit bon, — fais-toi conduire à la maison le plus rapidement possible et quitte ta livrée.

— Que dois-je mettre, monsieur le baron ?

— Des vêtements bourgeois... — tu dois en avoir.

— J'en ai. — Casquette ou chapeau, monsieur le baron ?...

— Ce que tu voudras, — mais rien qui sente la livrée, — il te faudra avoir l'air d'un pur et simple gamin.

— Monsieur le baron peut être tranquille... — et ensuite?...

— Tu reviendras ici et tu m'attendras, — je descendrai te dire ce que tu auras à faire.

— Je ne perdrai pas une minute.

— Combien te faut-il de temps?

— D'ici la rue de Bondy, deux minutes ; le temps d'appeler un cocher et de monter en voiture, deux minutes ;—pour aller à la rue Caumartin, si le cheval marche un peu bien, vingt minutes ; — pour changer de costume, cinq minutes ; — pour revenir ici, vingt minutes ; — total : — si je sais compter et sans les circonstances imprévues, — quarante-neuf minutes, — mettons cinquante, monsieur le baron...

Armand regarda sa montre.

— Neuf heures, — dit-il, — sois de retour à dix heures, c'est tout ce qu'il faut...

— Neuf heures cinquante, monsieur le baron, ça me suffit.

— Tu diras à Philippe qu'il est inutile d'atteler pour venir me chercher ce soir, — je retournerai à la maison dans la voiture de M. Renard.

— Oui, monsieur le baron...

Le groom, après ces paroles échangées, salua, et s'éloigna avec une vélocité de locomotive.

Armand regagna l'avant-scène.

§

Une heure se passa.

Au moment où l'aiguille de sa montre marquait dix heures, M. d'Angirey sortit de nouveau de la loge, et redescendit sous le vestibule.

Il regarda de tous les côtés pour découvrir son groom, mais il ne vit qu'un gamin assis, ou plutôt accroupi sur le coin d'une banquette, et faisant sauter des billes dans sa main, avec une remarquable dextérité.

— Allons, — le petit drôle est en retard... — j'aurais dû lui donner un peu plus longtemps ou, du moins, ne pas tant me presser de descendre...

Et le baron se mit à arpenter d'un pas rapide le vestibule, en ce moment complètement désert.

Quand il eut fait deux ou trois tours, le gamin qui, tout en paraissant absorbé par ses billes, le suivait sournoisement du coin d'un œil railleur abrité sous la visière de cuir vernis de sa casquette, — le gamin, disons-nous, mit ses billes dans sa poche, se leva, et ôtant cette même casquette, vint se camper devant Armand, en faisant une légère grimace et en disant:

— Il paraît que je ne suis pas trop mal déguisé,

puisque monsieur le baron ne me reconnaît pas...

— Comment c'est toi, — s'écria Armand.

— Je crois que oui.

— Ah çà ! mais tu as un joli talent de transformation !...

— Oh ! monsieur le baron, avant d'embrasser la carrière de groom, j'ai joué la Comédie au Gymnase Enfantin... on disait que j'avais beaucoup de dispositions...

— Ah ! et pourquoi as-tu renoncé à la vie d'artiste ?

— Pour des bêtises.... une discussion avec mon directeur au sujet d'une petite qui jouait les princesses, — et puis j'adorais les chevaux...

— Mais, quel âge avais-tu ?

— Douze ans.

— Allons, tu promettais en effet !...

— Et, je tiens, monsieur le baron.

Armand mit un louis dans la main du groom.

— Va au bureau, — lui dit-il, — prends un billet de seconde galerie et reviens.

Au bout d'une seconde, Georges reparut, muni de son billet.

Armand lui fit signe de le suivre.

Ils arrivèrent au deuxième étage.

Le baron s'arrêta en face de la loge qui portait le numéro 47.

— Regarde par la lucarne de cette loge, — dit-il à son groom.

Georges se haussa sur la pointe des pieds, de façon à atteindre cette lucarne.

— Que vois-tu ? — demanda le baron.

— Un vieux monsieur décoré, — et deux jeunes personnes en chapeaux de paille à rubans roses...

— Tu vas entrer à la galerie, et tu te placeras de façon à ne pas perdre de vue cette loge...

— Oui, monsieur le baron.

— Quand le spectacle finira, tu viendras te mettre ici, en embuscade.

— Oui, monsieur le baron.

— Tu verras sortir ce monsieur et ces jeunes filles, — tu ne les quitteras point d'un pas, — une fois au boulevart tu continueras à les suivre, — à pied s'ils s'en vont à pied, en voiture s'ils prennent un flacre.

— Oui monsieur le baron.

— Quelle voiture avais-tu pour aller rue Caumartin ?

— Un cabriolet.

— L'as-tu renvoyé ?

— Non, monsieur le baron. Comme je me doutais

presque de quelque chose, j'ai payé le cocher, mais je lui ai dit d'attendre, — il attend.

— A merveille. — Tu es un drôle assez spirituel ! — Tu ne quitteras la petite que quand tu auras vu le gibier rentrer au gîte... — aie grand soin de bien retenir le nom de la rue et le numéro de la maison...

— Je n'aurais garde d'y manquer. — Et, ensuite, que faudra-t-il faire ?

— Tu retourneras à la maison... — Ah ! en passant, tu t'informeras à la Maison d'Or, si par hasard j'y suis. — Dans ce cas tu me feras demander et tu me mettras au courant.

— Oui, monsieur le baron.

La consigne ainsi donnée, Armand laissa son groom s'installer à la seconde galerie et lui-même alla rejoindre Albert de Breurey et Clodius Renard.

Ce dernier s'était quelque peu déridé.

Il avait, en lorgnant à droite et à gauche dans la salle, découvert une demi-douzaine d'*anciennes* à lui, ainsi qu'il le disait dans son langage élégant, et la cuisante blessure ouverte par l'épigramme d'Armand, s'était à demi refermée.

— Mon très-bon, — dit-il au baron, soupons-nous ce soir ?

— Mais comme tu voudras, — qu'en pense Albert ?

— Oh moi ! — répliqua ce dernier, — je suis toujours prêt.

— Alors soupons.

— Mes très-chers, — reprit Clodius, — je vous offre une légère collation dans n'importe quel cabaret, — la moindre chose, — des perdreaux froids et quelques flacons de Château-Margaux.

— Accepté, — dit Armand, — à une condition...

— Laquelle ?

— C'est que le cabaret en question sera la Maison-d'Or.

— Pourquoi la Maison-d'Or plutôt que le Café Anglais ?

— Parce que j'ai donné à la Maison-d'Or un rendez-vous...

— Ah ! — s'écria Clodius, — un rendez-vous !... eh bien ! la dame qui viendra sera des nôtres... C'est peut-être une ancienne à moi.

— Il ne s'agit point d'une femme, — c'est tout simplement une commission dont j'ai chargé quelqu'un et dont on me rendra compte...

— Eh bien ! va pour la Maison-d'Or, — si nous avions un quatrième, mes chers bons, nous ferions une légère bouillotte après souper...

— Il y a, aux fauteuils d'orchestre, Saveuse et Chamillac, — dit Albert, — nous n'avons qu'à les emmener s'ils sont libres...

— Parfait!... — parfait... — s'écria Clodius, — pendant le prochain entr'acte j'irai leur parler...

— A propos, — demanda Armand, — l'un de vous a sans doute une place à me donner, — j'ai fait dire à mon cocher de ne pas venir.

— J'ai mon cabriolet, — dit Albert.

— Et moi mon américaine, — ajouta Clodius, — attelée de Ketty-Bell et de Miss-Betty, deux petites bêtes qui m'ont coûté, ma foi, cinq cents louis... — tu vois, mon cher bon que tu ne manqueras pas de place et que tu n'en seras point réduit à l'ignominie du *char numéroté*.

Le tableau s'acheva.

Ce tableau finissait un acte.

Clodius alla faire son invitation à MM. Henri de Saveuse et Paul de Chamillac.

Tous deux acceptèrent.

Le reste du spectacle se passa sans amener le moindre incident qui vaille la peine d'être raconté à nos lecteurs.

§

Les quatre gentilshommes étaient attablés depuis

près d'une heure, dans un cabinet de la Maison-d'Or, devant le souper offert par Clodius Renard.

La conversation était, sinon spirituelle, du moins vive et joyeuse.

Un des garçons du restaurant entra et dit:

— Il y a là un petit garçon qui demande à parler à M. le baron d'Angirey.

— J'y vais, — dit Armand, qui jeta sa serviette sur la table et sortit.

Dans le couloir, il trouva Georges.

— Eh bien? — lui demanda-t-il.

— Eh bien! — monsieur le baron, — c'est fait!

— Tu as suivi?

— Oui, monsieur le baron.

— Alors, tu sais l'adresse?

— Belleville, — rue de Paris, — l'avant dernière maison, à main droite.

VII

LES DOUZE ARTICLES.

Le lendemain matin, vers onze heures, au moment de son petit lever, Armand fit demander son groom.

Au bout d'un instant, Georges entrait dans sa chambre en petite livrée.

— Tu comprends, lui dit-il, — qu'il ne me suffit point de savoir l'adresse que tu t'es procurée hier au soir, — il me faut encore des détails et des renseignements sur lesquels je puisse baser mon plan de campagne.

Le groom fit un signe de tête qui exprimait une respectueuse et complète adhésion.

— Il faut retourner à Belleville, — poursuivit le baron, — y retourner, bien entendu, sans livrée, et, là, tu t'informeras adroitement... — Je ne te trace point un programme de questions à faire, ton intelligence suppléera à ce que je ne te dis pas...

Armand agissait en grand capitaine et en habile diplomate.

Il n'ignorait point que c'est en prenant les gens par la flatterie et par l'amour-propre qu'on leur fait faire des merveilles, — et il le prouvait.

Du reste il avait affaire à une nature d'élite dans son genre.

— Monsieur le baron, — dit le groom, — j'avais prévu ce que vous me faites l'honneur de me dire dans ce moment.

— Ah!... ah!...

— Et j'avais pris la liberté d'agir en conséquence...

— Si j'ai eu tort, j'en demande pardon à monsieur le baron... — ajouta Georges d'un air d'humilité hypocrite.

— Enfin, qu'as-tu fait ?

— Au point du jour, j'étais à Belleville...

— En gamin ?

— Bien entendu.

— Et tu t'es informé ?

— Ma promenade matinale n'avait pas d'autre but.

— Et voyons un peu le résultat de tes questions.

— Monsieur le baron, j'ai pris quelques notes.

Et, tout en parlant ainsi, avec une importance comique, le petit groom tirait de la poche de sa longue et large veste du matin un *agenda* muni d'un petit porte-crayon d'argent.

Il ouvrit cet agenda, le feuilleta et dit :

— Voici... — Je prie monsieur le baron de vouloir bien m'écouter...

— Va... va... j'écoute.

Georges lut :

« *Article numéro 1.*

« Le monsieur, hors d'âge, décoré et à moustaches, s'appelle le commandant Simon. — Il passe dans le quartier pour un ex-vieux dur-à-cuir.

« *Article numéro 2.*

« Les deux jeunes personnes sont ses *demoiselles.*

« *Article numéro 3.*

« L'aînée s'appelle mademoiselle Berthe, la cadette mademoiselle Suzanne.

« *Article numéro 4.*

C'est mademoiselle Suzanne qui est la plus jolie des deux.

« *Article numéro 5.*

« La maison de la rue de Paris, à Belleville, appartient au commandant Simon.

« *Article numéro 6.*

« Il l'habite seul avec ses *demoiselles* et avec une *bonne pour tout faire.*

« *Article numéro 7.*

« Il y a un jardin derrière la maison.

« *Article numéro 8* (TRÈS-IMPORTANT).

« La maison voisine, — du côté droit, — dont le jardin touche à celui du commandant, — est à louer présentement.

« *Article numéro* 9 (NON MOINS IMPORTANT).

« Les deux jardins ne sont séparés que par un mur de clôture, qui n'est pas très-haut.

« *Article numéro* 10.

« Le commandant Simon n'est pas riche. — On dit, dans Belleville, que ses *demoiselles*, quoique fort jolies, ne se marieront pas facilement, faute de dot.

« *Article numéro* 11.

« Le commandant Simon ne reçoit pas beaucoup de monde chez lui, mais, comme il ne vit que pour ses *demoiselles*, il les mène continuellement faire des parties à la campagne ou au bal, dans les environs de Paris, ou au spectacle.

« *Article numéro* 12 *(et dernier)*.

« Le commandant Simon sort presque tous les jours, de midi à une heure et demie, pour aller au café du Théâtre faire sa partie de dominos avec d'autres vieux troupiers. »

Ici se terminait la longue note manuscrite de Georges.

Le groom, après avoir achevé sa lecture, prit un air contrit et modeste.

— J'ai fait de mon mieux, — dit-il, — monsieur le baron est-il content ?

Cette phrase fut prononcée par l'ex-artiste du Gymnase Enfantin, avec un accent inimitable qui rappelait presque celui d'Odry, disant avec l'immortel Bilboquet, sur la place publique de Meaux :

— Monsieur et madame le maire, *est-il* content ?

Armand ne put s'empêcher de rire.

— Enchanté, — dit-il, — je double tes gages...

— Je ne peux pas répondre que je redoublerai de zèle, — s'écria Georges d'un ton pathétique, — ce serait la chose impossible... mais je continuerai, comme j'ai fait jusqu'à présent...

— Bien, — répliqua le baron.

Puis, après un moment de réflexion, il ajouta :

— Sais-tu si, de cette maison qui touche à celle du commandant, on a vue sur le jardin voisin ?

— Oh ! quant à ça, je l'ignore, tout ce que je puis vous garantir, c'est que la maison est à louer, — mais je n'ai pas seulement eu l'idée de demander à la visiter ; — vous comprenez, monsieur le baron, qu'un gamin comme moi, habillé en *voyou*, on l'aurait tout uniment flanqué à la porte... il eût été imprudent de s'y frotter.

— C'est juste. — Je vais sortir, fais atteler le cabriolet.

— Quel cheval, monsieur le baron ?

— *Nelson.*

— J'accompagne monsieur le baron?
— Oui.

Moins d'une demi-heure après ce moment, Nelson, magnifique cheval anglais, de grande taille, piaffait entre les brancards d'un ravissant cabriolet sorti des ateliers de Herler.

Georges, réintégré dans sa culotte et dans ses bottes à revers, se tenait debout devant Nelson, les deux bras croisés sur sa poitrine, et ce pygmée semblait dominer le fougueux animal par le seul magnétisme de son regard, car sa main gantée ne touchait pas les branches du mors, toutes blanchies d'écume.

Armand, vêtu avec une simplicité de bon goût, qui, tout en conservant au viveur son cachet habituel d'élégance aristocratique, ne pouvait point attirer les regards, monta en voiture.

Il prit en main les rênes blanches que lui présentait Georges, — le groom se hissa légèrement derrière l'équipage et Nelson, qui sentit que son maître lui rendait la main, enfila au grand trot la porte cochère, tourna à droite, et, au bout de trois secondes, le cabriolet roulait rapidement sur la chaussée du boulevard dans la direction du boulevard des Italiens.

Armand s'arrêta pour déjeuner au Café de Paris.

Ensuite il remonta en voiture, et continuant à

longer les boulevards, il passa devant les portes Saint-Denis et Saint-Martin, il s'engagea dans la rue du Faubourg-du-Temple, et, arrivé auprès du canal, il arrêta Nelson, qui, sous la pression du mors, se cabra légèrement.

Mais Georges était déjà à terre et s'apprêtait, en cas d'insoumission de la part du cheval, à le saisir et à l'arrêter.

Armand descendit.

— Tu m'attendras là, — fit-il; — promène Nelson au pas pendant dix minutes et jette-lui ensuite une couverture sur le dos.

— Oui, monsieur le baron.

— La maison du commandant est la dernière à main droite, n'est-ce pas ?

— Non, monsieur le baron, l'avant-dernière.

— Tu as raison, je m'en souviens maintenant.

Et, de son pied léger, Armand traversa le canal, franchit la barrière et gravit la montée ardue de la rue de Paris.

Disons-le, — le chemin lui sembla long et la population déplaisante.

Mais Armand n'était pas homme à renoncer pour si peu à un projet qui lui souriait.

D'ailleurs il avait engagé dans un pari, non-seulement une somme assez forte, mais, ce qui était bien autrement important, son amour-propre.

Il n'y avait point à reculer.

Enfin, il arriva en face de la maison du commandant.

Elle était facilement reconnaissable.

A droite, une autre maisonnette étalait sa porte verte et ses volets de la même couleur.

Au-dessus de la porte se voyait un écriteau portant ces mots, imprimés en gros caractères :

A LOUER DE SUITE

PETITE MAISON

AVEC JARDIN

meublée ou non meublée

Le renseignement donné par le groom était exact.

Armand s'approcha de la porte et tira le bouton de cuivre qui devait correspondre à la sonnette.

Effectivement une cloche retentit.

Mais, à cet appel, personne ne vint.

Armand recommença.

Le résultat fut le même.

Pendant plusieurs minutes il sonna, et toujours sans obtenir la moindre réponse.

Il allait enfin se lasser de cette infructueuse obstination, quand une boutiquière, qui se tenait debout sur le seuil du magasin de fruiterie de la bicoque d'en face, et qui le regardait faire en souriant d'un air un peu goguenard, lui cria :

— Eh ! m'sieu...

Armand se retourna.

— Est-ce à moi que vous parlez, madame ?...

— Oui, m'sieu... — venez donc un peu par ici, s'il vous plaît...

Armand hésita.

Mais il réfléchit que, peut-être, il obtiendrait de la voisine un renseignement sur le moyen de se faire ouvrir, et il se décida à traverser la rue et à s'approcher d'elle.

IX

MAISON A LOUER.

— Dites donc, m'sieu, — reprit la fruitière, — vous sonnez, vous sonnez... vous voulez donc qu'on vous ouvre ?

— Mais sans doute...

— Eh bien! on ne vous ouvrira pas, c'est moi qui vous le dis, foi de veuve Mathurel...

— On ne m'ouvrira pas ?

— Comptez-y, comme si c'était fait.

— Et pourquoi donc cela, madame ?

— Oh! pardine! pour une bonne raison, la meilleure de toutes! — répliqua la fruitière en riant, — il n'y a personne dans la maison...

— Personne ?

— Pas un chrétien, ni pas un chat... — point tant seulement ce qui pourrait faire mal dans mon pauvre œil gauche.

— Cependant, la maison est à louer ?

— L'écriteau le dit, et je fais comme l'écriteau.

— Eh bien ?

— Mais la maison ne peut pas se louer toute seule, bien sûr!... faut donc s'adresser à celui *qui qu'en est* chargé...

— Et, c'est ?

— Oh! un bien brave homme! ça, vous y pouvez compter... foi de veuve Mathurel.

— Mais, encore ?...

— Il y a quarante ans bientôt que nous nous connaissons lui-z-et moi... nous sommes tous les deux des enfants de Belleville, sans vous commander, m'sieu... et connus! vous n'avez qu'à vous informer, allez!...

— Tout ceci ne m'apprend pas...

— Qui que c'est?

— Précisément.

— Eh bien! je vas vous le dire, — c'est le père Trinquart, Eustache de son nom, — cordonnier en vieux... et en neuf aussi... si c'est que ça vous convenait de lui donner votre pratique, vous *verreriez* que vous en *sereriez* content...

— Où peut-on le trouver, madame?

— Qui ça? le père Trinquart?... — dans sa boutique, pardine!...

— Mais, où est-elle, sa boutique?

— D'abord, il a toute la confiance du *porpilliétaire* qui l'a chargé de louer *sa locale.*

— Mais encore une fois, sa boutique? sa boutique?

— Tout près d'ici, — redescendez un peu, — prenez la rue à gauche, la première, — puis l'impasse à droite... c'est au fond... — vous verrez son nom sur sa porte, à cet homme...

— Merci, madame, de votre complaisance... — cria Armand en s'enfuyant.

— Foi de veuve Mathurel!... — se dit la fruitière restée seule, — voilà un *ferluquet* qui n'est pas causeur! — c'est un beau garçon, possible! mais, n'empêche, il ne me revient pas beaucoup avec sa face de carême et sa barbe noire!... — pas plus de conversation qu'un hareng!... — j'ai dans l'idée qu'il ne doit point avoir la conscience nette ce mirliflor!...

Et, après avoir formulé le présent monologue, la fruitière rentra parmi les bottes de choux, les montagnes de carottes et les paquets d'oignons entassés dans sa boutique.

Cependant Armand avait redescendu la rue de Paris.

Il avait pris à gauche, — puis à droite.

Au fond de l'impasse se trouvait une échoppe couronnée par une enseigne sur laquelle on lisait le nom de *Trinquart*, peint en lettres noires entre deux souliers, également peints.

La porte était ouverte.

Armand entra.

L'odeur du vieux cuir et de la poix résine le saisit violemment à la gorge, et il eut toutes les peines du monde pour respirer dans cette atmosphère empestée.

Le père Trinquart, petit vieillard d'un peu plus de soixante ans, — assis sur une escabelle et fort occupé à ajuster une pièce de quelqu'importance à une chaussure endommagée, leva la tête en voyant entrer le jeune homme et dit :

— Bien le bonjour, monsieur, — qu'y a-t-il pour votre service ?

— Monsieur, — demanda Armand, — on m'a assuré que vous étiez chargé de louer une petite maison qui se trouve tout près d'ici, dans la rue de Paris ?

— Ça, monsieur, c'est la vérité, — j'ai la confiance du *porpilliétaire* M. Mirontaine, — j'ai été quatorze ans concierge de son immeuble rue des Fossés-du-Temple numéro 17. — Est-ce que la petite maison pourrait convenir à monsieur ?

— Je le pense.

— Le fait est que c'est une locale bien agréable. — Monsieur désire-t-il visiter les lieux ?

— Tout de suite, monsieur...

Le père Trinquart posa par terre le vieux soulier auquel il ajustait un *becquet* (expression technique).

Il se dépouilla de son tablier de cuir, enduit de poix, et, coiffant son chef vénérable d'une non moins vénérable casquette de loutre, il sortit de son échoppe, après avoir pris un trousseau de clefs.

— Monsieur a-t-il de la famille ? — demanda-t-il chemin faisant.

— Non, — pourquoi ?

— Parce que la petite locale serait bien commode pour des *moutards*, rapport au jardin.

— Sans doute, — répliqua Armand en souriant, — mais je n'en ai pas...

— Alors, monsieur est seul?

— Absolument seul.

— Dans le cas où monsieur s'arrangerait de la petite locale, je prendrais la liberté de lui recommander une de mes connaissances pour faire son ménage...

— Nous verrons cela.

On était arrivé devant la maison à louer.

Le père Trinquart ouvrit la porte.

La cour était de tout point semblable à celle de la maison du commandant.

Quant au reste du logis, nous ne le décrirons pas.

Les deux demeures contiguës avaient été bâties, à la même époque, par le même architecte.

L'une était l'exacte répétition de l'autre.

Qui en connaissait une les connaissait toutes deux.

Seulement le mobilier était vieux, fané, en mauvais état.

Armand se hâta de monter au premier étage.

Il ouvrit une des fenêtres, — il poussa l'une des persiennes et il s'aperçut que, de cette fenêtre, on dominait entièrement le jardin du commandant Simon.

Le père Trinquart lui faisait valoir de son mieux tous les agréments de la *petite locale* et, — selon le vieux cordonnier, — ils étaient innombrables.

Armand ne l'écoutait pas.

— Voyons le jardin, — dit-il.

Ce jardin n'était pas mieux tenu que l'intérieur de la maison.

Il y avait, dans les plates-bandes, plus de mauvaises herbes que de fleurs.

Seulement, une assez belle allée de tilleuls en ombrageait l'extrémité.

Armand s'approcha du mur mitoyen qui le séparait de la propriété du commandant.

Derrière ce mur il entendit des voix de jeunes filles.

Il lui fut facile de s'assurer qu'en prêtant une oreille attentive on pourrait distinguer des mots.

C'était tout ce qu'il voulait savoir.

— J'ai assez vu, — dit-il au père Trinquart.

— Et la petite locale convient-elle à monsieur ? — demanda ce dernier.

— A peu près.

— Alors, il ne s'agit plus que de s'entendre.

— Quelles sont les conditions de la location ?

— Ça dépend...

— De quoi ?

— Monsieur louerait-il meublé, ou non meublé ?

— Meublé.

— C'est que je dois dire à monsieur, que dans les deux cas les conditions ne sont plus les mêmes... — non meublé, c'est une location ordinaire, de trois mois en trois mois... — meublé, c'est une location au mois... — comme cela se pratique toujours quand les *locales* sont garnies, ainsi que monsieur le sait sans doute...

— Le prix ?

— Non meublé, douze cents francs par an.

— Et, meublé ?

— Deux cents francs par mois.

Deux cents francs par mois, pour un mobilier qui, vraisemblablement, ne valait pas cent écus, — c'était cher !...

Mais qu'importait à Armand ?

Il n'eut pas l'idée de faire la moindre observation au sujet de l'élévation du prix.

— Je loue au mois, — dit-il.

— Monsieur sait sans doute qu'il est d'usage de payer d'avance... quand il s'agit de *locales* garnies... — sans cela le *porpilliétaire* n'aurait pas sa garantie...

— Parfaitement, — je vais vous payer à l'instant même.

— De plus, M. Mirontaine m'a expressément recommandé de ne pas louer sans aller aux renseignements... — Il ne veut que des locataires bien tranquilles...

— C'est trop juste, — fit Armand, — seulement, j'habite la campagne à huit lieues d'ici, — ce qui rend les renseignements difficiles à prendre... — ajouta-t-il en souriant.

Et, tout en parlant ainsi, il mettait onze louis dans la main du père Trinquart.

— Voilà, — lui dit-il, — deux cents francs pour le premier mois, et vingt francs de denier à Dieu pour vous.

Le cordonnier se déchaperonna de sa casquette de loutre et s'inclina jusqu'à terre.

— Ah! monsieur, — s'écria-t-il, — on voit tout de suite à qui l'on a affaire!... les renseignements sont bien inutiles... — seulement, si monsieur voulait avoir la bonté de me dire son nom... pour le *porpilliétaire?*...

— Isidore Legras, — répondit Armand.

— Si monsieur veut prendre la peine de passer à 'a boutique, je lui donnerai les clefs de la petite locale, et, en même temps, un reçu des deux cents francs...

— Allons, — fit Armand.

Cinq minutes après, il sortait de l'échoppe et se trouvait locataire, sous le nom d'Isidore Legras, de la maison qui touchait à celle du commandant Simon.

On ne pouvait pas dire que l'ennemi fût dans la place.

Mais, du moins, il en était bien près.

X

LA CHANTEUSE.

Le lendemain, dans l'après-midi, une citadine s'arrêta devant la petite maison louée la veille par le baron Armand d'Angirey, sous le pseudonyme peu aristocratique d'Isidore Legras.

Un commissionnaire était assis sur le siége, à côté du cocher.

L'impériale supportait une malle d'assez grande dimension.

Armand descendit de cette citadine, ouvrit la porte du jardinet avec une clef qu'il tira de sa poche et introduisit dans la maison le commissionnaire chargé de la malle.

La veuve Mathurel, cette fruitière intéressante et prolixe que nous connaissons, s'approcha pendant ce temps de la citadine et s'efforça de tirer de l'automédon quelques renseignements sur le nouveau locataire.

Fruitiers et cochers de fiacre s'entendent d'habitude à merveille, aussi ce dernier ne demandait-il pas mieux que de causer.

Malheureusement il ne savait rien qui fût de nature à satisfaire la curiosité de madame Mathurel.

Le jeune homme qu'il venait de conduire à Belleville l'était venu prendre à la station de la place de la Madeleine. — Un commissionnaire portait la malle.

Ce commissionnaire n'était point le même que celui qui se trouvait en ce moment dans la maison, et qu'on avait arrêté en route.

— Tout ça cache un mystère, pour sûr !... — se dit la veuve Mathurel, en regagnant avec assez de mécontentement son échoppe. — C'est peut-être bien un faux monnayeur que ce cadet-là !... enfin, nous verrons bien... — je surveillerai la chose, et, *à la moindre indice*, j'irai prévenir *mosieu* le commissaire... ah! mais!...

Le commissionnaire ressortit,—il paya largement le cocher et tous deux reprirent ensemble le chemin de Paris.

Armand d'Angirey, seul dans celles des pièces du premier étage où il comptait s'installer provisoirement, s'occupait à placer sur des chaises et dans les tiroirs d'une méchante commode les objets contenus dans la malle.

C'étaient du linge, — quelques vêtements, — des pistolets, — des livres, — une énorme provision de cigares, — une demi-douzaine de flacons de liqueurs, dans une cave très-élégante, — et, enfin, côte à côte avec une écritoire de Boule, une romanesque échelle de corde, — ce meuble si fort à la mode dans tous les drames et dans les romans, et si peu d'usage dans la vie réelle.

Cette installation achevée, Armand alluma un cigare et il ouvrit une fenêtre, en ayant soin d'ajuster les persiennes de façon à ce qu'il lui fût possible de voir, sans être vu lui-même, ce qui se passait dans le jardin du commandant Simon.

D'un rapide coup d'œil Armand le parcourut dans tous les sens.

Mais vainement son regard plongea sous le couvert des tilleuls de l'allée circulaire.

Le jardin était désert.

Armand porta alors un vieux fauteuil auprès de la fenêtre, — il prit un livre, s'assit, et se mit à lire, — mais son œil et son oreille restaient aux aguets.

§

Armand d'Angirey, nous l'avons dit, était un garçon de vingt-huit à trente ans, doué d'une grande élégance et d'une remarquable distinction.

Possesseur, depuis l'âge de dix-huit ans, d'une fortune de près de cinquante mille livres de rentes, ce qui est fort joli pour un garçon, — Armand n'avait jamais eu d'autre occupation que celle de chercher le plaisir sous toutes ses formes.

Mais ce qui devait nécessairement résulter de ce genre d'existence arriva en effet.

Peu à peu Armand se blâsa sur ces plaisirs faciles dont il usait immodérément.

Les spectacles, — les soupers, — les parties de lansquenet, — les aventures de boudoir, — les courses de chevaux, — les voyages à Spa, — à Baden, — à Strasbourg, — aux bains de mer de Dieppe et de

Trouville lui semblèrent des distractions peu récréatives.

Or, avec la meilleure volonté du monde, il ne pouvait rencontrer d'autres plaisirs que tous ceux dont il était las.

Il avait soif d'une nouveauté quelconque, — soif de l'imprévu et du changement.

Mais où trouver cette nouveauté et cet imprévu?

Sans doute rien n'aurait été plus facile que de monter dans un wagon, ou de s'embarquer sur un paquebot et de s'en aller, à quelques milliers de lieues, se mettre en quête d'émotions et de distractions.

Mais Armand n'avait point l'énergie nécessaire pour prendre ce parti.

Il ne pouvait se décider à sortir de ce cercle dans lequel il tournait depuis si longtemps avec l'aveugle docilité d'un cheval de manége.

Paris l'ennuyait, — mais Paris lui était indispensable.

Il maudissait cent fois par jour l'asphalte poudreux du boulevard des Italiens, — mais, tandis qu'il le maudissait, sa botte vernie éprouvait le besoin de le fouler.

Il envisagea donc comme une véritable bonne fortune et accueillit avec empressement l'idée qui s'était présentée à lui, lors de la représentation du *Chevalier de Maison-Rouge* au Théâtre-Historique, — idée formulée dans un pari de cinq cents louis contre son ami Albert de Breurey.

A coup sûr, cette tentative de séduction à l'endroit de cette petite bourgeoise de Belleville, allait l'occuper et le distraire pendant plusieurs jours.

Sans compter que la jeune fille lui semblait ravissante et l'était en effet, — et qu'en cas de réussite il y aurait là un triomphe bien flatteur pour son amour-propre et qui ne manquerait pas de lui susciter plus d'un envieux.

On voit que, de quelque façon qu'on envisageât la chose, l'entreprise valait assurément la peine d'être tentée.

Un temps assez long s'écoula.

Armand, toujours assis auprès de la fenêtre, achevait son troisième cigare et tournait avec acharnement les pages du volume qu'il avait sous les yeux et qu'il trouvait assurément détestable, et mortellement ennuyeux.

Aucune des jeunes filles ne donnait signe de vie.

Le jardin du commandant n'était habité que par des moineaux babillards et tapageurs qui se battaient et se becquetaient dans les branches des tilleuls.

L'impatience dégénérait en une véritable irritation fiévreuse.

Il venait de jeter le volume au fond de la chambre et il s'apprêtait à entamer un quatrième cigare.

Soudain, il tressaillit.

Une voix, jeune, fraîche et délicieusement timbrée, se faisait entendre tout près de lui.

Cette voix chantait le premier couplet de cette jolie chanson, d'un gracieux poète trop peu connu:

« Tandis que la jeunesse amie
Vous prodigue les dons du temps
Qui berce sa barque endormie
Sous vos ombrages de vingt ans;

« Tandis qu'à vos fronts étincelle
La couronne des jours vainqueurs;
Qu'en éclairs, de vos yeux, ruisselle
Le feu qui brûle dans vos cœurs.

« Hâtez-vous! — dans les ondes vives,
C'est l'heure, ou jamais, de puiser;
Cueillez la fleur, aux vertes rives,
Aux lèvres roses, le baiser. »

Dès les premières notes, Armand avait entr'ouvert précipitamment sa persienne, et, penché presqu'en dehors de la fenêtre, du côté du jardin du commandant, il essayait de voir la chanteuse.

Peine inutile.

La jeune fille, — car la musicienne ne pouvait être qu'une jeune fille, n'était assurément pas encore sortie de la maison voisine.

Selon toutes les probabilités elle se tenait sous une espèce de petit auvent rustique, qui faisait saillie au-dessus de la porte conduisant au jardin, et que les plantes grimpantes métamorphosaient en un dôme de verdure.

La voix reprit :

> Voilà ce que chantaient les hommes
> Aux frais vallons du siècle d'or ;
> Et voici, dans l'ère où nous sommes,
> Ce que tout barde chante encor.
>
> Comme un grain précieux qu'on sème,
> Toutes les bouches ont crié,
> Sur tous les modes, ce vieux thème,
> Que tous les cœurs ont varié.
>
> Tandis que leur âme palpite
> Aux pleurs amoureux des ramiers,
> Salomon, à la Sulamite,
> Conte cela sous les palmiers.
>
> Horace, aux bords de Blandusie,
> Buvant le falerne vermeil,
> Vient, après ce grand roi d'Asie,
> Proclamer ce sage conseil.

Après ce couplet il y eut un instant de silence.

Armand se demandait si la chanteuse invisible allait rentrer tout à fait, ou se décider à sortir.

XI

LA FENÊTRE.

Un joyeux rayon de soleil tombait d'aplomb sur le jardin, et ne laissait dans l'ombre que la partie protégée par les charmilles.

Une jeune fille, étendant au-dessus de sa tête un livre tout ouvert, — afin de préserver d'une caresse indiscrète du blond Phébus, ses joues fraîches et veloutées, — s'élança de dessous l'auvent couronné de verdure et, avec une légèreté de biche, en trois ou quatre élans elle atteignit l'ombre des arbres touffus.

C'était Suzanne.

Elle reprit, d'une voix que la vitesse de sa course avait rendue un peu tremblante :

En leur galante bonhomie,
Plus tard, nos vieux rimeurs gaulois
Redisaient la chose à leur mie...
Qui n'était pas sourde à leur voix,

Oh ! ne le sois pas à la mienne,
Toi, ma beauté, mon cher souci !...
Qu'en traits de feu, ton amour vienne
Briller dans mon ciel obscurci.

Attendre encor serait peu sage,
Aimons, en des temps opportuns...
Aimons, tandis que ton visage
S'encadre de longs cheveux bruns...

Soit que la chanson fût finie, — soit que Suzanne en eût assez, elle s'arrêta, et de ses lèvres roses ne s'échappèrent plus que quelques modulations à peine distinctes.

Armand avait à demi refermé la persienne derrière laquelle il se cachait, et, à travers les lames indiscrètes de cet abri protecteur, il examinait la jeune fille à l'aide d'une excellente lorgnette de spectacle.

Elle lui sembla plus charmante encore qu'au spectacle, l'avant-veille.

L'extrême simplicité de sa mise ajoutait à sa beauté.

D'abord elle était tête nue, ce qui permettait d'admirer l'incroyable opulence et le soyeux éclat de ses magnifiques cheveux blonds, qui rappelaient la chevelure de la duchesse de Guiche.

Sa robe de percale dessinait merveilleusement les formes ravissantes de son corsage.

Les manches larges, et très-courtes, laissaient voir ses jolis bras frais et blancs.

C'était un ensemble enchanteur.

— Ma parole d'honneur, — pensa M. d'Angirey, — cette petite fille est adorable !... — Qui diable aurait pu s'imaginer que les *placers* de Belleville renfermaient un or si pur !... — A tout prix il me faut cette enfant !... — Ce n'est plus seulement pour moi une question d'amour-propre... Je sens que ma tête se monte, et je crois que, Dieu me pardonne ! j'en vais devenir amoureux !...

Cependant Suzanne, — ne se doutant guère qu'elle était observée avec une attention si grande, — allait et venait librement sous la charmille, tenant toujours à la main son livre qu'elle ne lisait pas.

Tantôt elle hâtait le pas, tantôt elle le ralentissait, au gré de sa capricieuse fantaisie.

Mais, soit qu'elle marchât vite ou lentement, — poursuivant un papillon, — s'arrêtant pour cueillir une fleur, — chacun de ses mouvements révélait une grâce nouvelle.

Au bout de quelques minutes Suzanne se lassa de cette promenade incohérente.

Elle installa une chaise rustique sous l'ombrage de l'un de ces arbres, et elle se mit à lire avec attention.

Que lisait-elle ?

La couverture jaune et les larges marges du livre répondaient d'une façon à peu près positive à cette question.

Suzanne lisait un roman.

Mais, lequel ?

Le titre était caché et Armand braquait vainement sa lorgnette sur les feuillets, — les caractères étaient trop petits pour lui permettre de distinguer un seul mot.

Un petit lézard vert, de la plus inoffensive espèce, vint à passer à l'improviste auprès de Suzanne.

La jeune fille eut peur, — elle fit un mouvement brusque, — son livre tomba et se ferma en tombant.

Le volume ne resta sur le sol que le quart d'une minute, mais Armand avait eu le temps de lire ces quatres mots, imprimés en gros caractères:

LA DAME AUX CAMÉLIAS.

— Allons, — pensa M. d'Angirey, — voici qui est rassurant pour l'avenir de mon entreprise... — Evidemment la petite est romanesque et peu surveillée... — Faisons une première entrée en scène...

Armand se dirigea d'abord vers la mauvaise petite glace qui se trouvait au-dessus de la cheminée.

Il arrangea avec un soin infini les massifs élégants de sa chevelure.

Il lissa sa barbe noire et brillante et donna aux pointes de sa moustache une certaine courbure cavalière dont l'effet devait être irrésistible sur un cœur jeune et encore novice.

Il noua avec une négligence qui n'était point exempte de prétention son étroite cravate de soie, sur laquelle retombait un col de chemise d'une éclatante blancheur.

Puis, parfaitement satisfait de sa figure dont la pâleur uniforme ressortait admirablement entre sa barbe et ses cheveux sombres, il se composa une physionomie romanesque et mélancolique, et, revenant à la fenêtre, il ouvrit doucement les persiennes, en ayant grand soin de ne pas produire le moindre bruit.

Ceci fait, il appuya le haut de son épaule contre l'un des montants de la croisée, et il se mit à regarder Suzanne, comme on prétend que, du nuage dans lequel il plane, le milan regarde l'alouette blottie dans un sillon.

Beaucoup de gens, et des plus sérieux, affirment qu'il y a dans le regard un magnétisme qu'on ne saurait nier.

Ils prétendent que, par la seule influence du regard et de la volonté, il est possible d'établir, entre soi et une personne qui vous est absolument inconnue, une sorte de courant électro-magnétique.

Qu'ainsi, par exemple, un individu placé au parterre, dans un théâtre, peut forcer les yeux d'une personne qui se trouve à la seconde ou à la troisième galerie à s'arrêter sur lui et à s'y maintenir pendant plus ou moins longtemps.

Ce sont là des problèmes que résoudra peut-être une science encore dans l'enfance et dont, malheureusement pour elle, le charlatanisme s'est emparé.

Toujours est-il que, soit hasard, soit attraction, Suzanne ne tarda guère à lever les yeux vers la fenêtre de la maison voisine.

Depuis longtemps déjà cette maison n'était point habitée et Suzanne avait l'habitude d'en voir les persiennes constamment closes.

En apercevant ce beau jeune homme, aux cheveux noirs et au visage pâle, qui la contemplait avec une attention et avec une admiration non équivoques, Suzanne se sentit rougir.

Son premier mouvement fut de couvrir son visage avec le livre qu'elle tenait à la main, afin de déguiser de son mieux cette rougeur intempestive.

Ensuite elle songea à se lever et à changer de place, — mais elle réfléchit aussitôt que ce serait afficher une pruderie ridicule.

Elle resta, et se remit, — sinon à lire, du moins à attacher les yeux sur son livre.

Seulement nous ne saurions dire quelle force de volonté il lui fallut déployer, pour parvenir à tourner les feuillets en temps utile et pour sembler poursuivre attentivement sa lecture.

Combien sa pensée était loin des tendres faiblesses et des amoureux dévouements de Marguerite Gauthier!

Que n'aurait-elle pas donné pour pouvoir regarder de nouveau, — ne fût-ce que pendant une seconde, — ce pâle visage, à peine entrevu la première fois?

Et que de questions ne s'adressait-elle pas à elle-même, qui, forcément, restaient sans réponse?

Quel était ce jeune homme?

Que faisait-il là?

Allait-on le voir tous les jours?

Quel motif avait pu l'attirer à Belleville?

Pourquoi regardait-il Suzanne avec tant d'insistance?

Était-il réellement aussi beau qu'il lui avait paru l'être au premier abord?

Toutes ces questions, et bien d'autres encore qu'il serait trop long de vous rapporter ici, se pressaient à la fois dans la tête de Suzane qu'elles remplissaient de trouble et de confusion.

La curiosité n'est pas, en général, le moindre défaut des femmes.

Notre grand'mère Ève a donné le paradis terrestre, rien que pour savoir le goût d'une pomme.

Il est vrai que cette pomme était le fruit de *l'arbre de science*, ce qui peut passer à la rigueur pour une circonstance légèrement atténuante.

Il n'y avait aucune raison pour que Suzanne eût plus de vertu, — nous voulons dire moins de curiosité, — que sa bisaïeule madame Adam.

Or, cette curiosité la poussait, de seconde en seconde, plus irrésistiblement, à jeter un regard vers la fenêtre prochaine.

Elle céda.

Seulement elle essaya de se satisfaire avec les plus grands ménagements.

Peu à peu, et avec des mouvements de tourterelle,

elle souleva sa jolie tête blonde et elle coula, sous ses longues paupières, un furtif regard.

Mais elle n'atteignait point ainsi la hauteur du premier étage de la maison voisine, ce qui la dépitait fort, car, pour rien au monde, elle n'eût voulu regarder franchement et faire ainsi parade d'une curiosité intempestive.

Enfin, le hasard vint à son aide.

Un pépiement sonore et précipité se fit entendre dans la charmille et deux moineaux, excités l'un contre l'autre par quelque jalouse colère, s'échappèrent du feuillage, puis, tout en poussant de petits cris aigus, s'assaillirent dans les airs, à grands coups d'ailes et à grands coups de bec.

Rien de plus naturel que de suivre des yeux les péripéties de cette bouffonne querelle.

C'est ce que pensa et c'est ce que fit Suzanne.

Seulement, tout en regardant les moineaux, il était impossible qu'elle ne regardât pas son voisin.

Il était toujours là, s'adossant à l'appui de la fenêtre, l'œil fixé sur la jeune fille et paraissant plongé dans une contemplation extatique.

— Combien de romans, — pensa Suzanne, — dont ceci serait le premier chapitre...

XII

STRATÉGIE.

En ce moment précis, deux nouveaux personnages parurent au jardin.

C'étaient Berthe et le commandant Simon.

Ils sortaient de la maison ensemble.

Le vieux soldat fumait sa grande et belle pipe d'écume de mer, dont le fourneau, curieusement sculpté, représentait en petit quelques-uns des bas-reliefs militaires de la colonne Vendôme.

Des nuages de vapeur blanchâtre, comparables à la fumée d'une locomotive, s'échappaient à intervalles égaux du coin de sa bouche et s'enroulaient en spirales autour de sa longue moustache, avant de se perdre dans l'espace.

Berthe portait un ouvrage de tapisserie.

Suzanne, en voyant son père et sa sœur, ferma son volume et courut au-devant d'eux avec empressement.

Soit hasard, soit intention, le baiser filial qu'elle

donna au commandant fut empreint d'une provocante coquetterie.

Elle s'empara ensuite du bras de son père et elle l'entraîna sous la charmille où elle disposa des chaises rustiques de façon à ce que le vieux soldat ne pût apercevoir la maison voisine, depuis l'endroit où il était assis.

Mais, en allant et en venant pour conduire à bonne fin tout ce petit manége, elle eut soin de jeter un dernier regard vers la fenêtre que nous connaissons.

Le jeune homme pâle avait disparu, — la persienne était refermée.

— C'était donc pour moi qu'il était là!... — se dit Suzanne.

Et, dans un vif élan de gaîté de cœur, elle se remit à fredonner, avec une expression inaccoutumée, ce couplet choisi entre tous ceux de sa chanson :

> Hâtez-vous! — dans les ondes vives,
> C'est l'heure, — ou jamais, — de puiser!...
> Cueillez les fleurs, aux vertes rives!...
> Aux lèvres roses, le baiser...

Armand, caché derrière la persienne refermée, avait surpris le dernier regard de Suzanne.

— Allons, — murmura-t-il, — tout va bien!... la

petite sait que je n'étais là que pour elle... — en voilà assez pour aujourd'hui... — *la suite au prochain numéro,* comme disent les feuilletons, — et je ne suis pas loin de croire que le roman finira vite! — — elle lisait la *Dame aux Camélias,* c'est bon signe!... — Elle s'est arrangée de façon à ce que son père et sa sœur ne puissent me voir, c'est mieux encore... — je n'ai pas perdu ma journée!...

Après ce court monologue, Armand rajusta quelques-uns des détails de sa toilette.

Il mit son chapeau sur le coin de l'oreille, — il sortit de la maisonnette, dont il emporta la clef dans sa poche, et il s'en alla dîner au Café Anglais.

Après dîner, Armand s'habilla et s'en alla assister, aux Variétés, à je ne sais quelle première représentation.

Pendant un entr'acte, il rencontra au foyer Albert de Breurey, le viveur rose et blond.

— Eh bien, mon cher? — lui dit ce dernier.

— Eh bien, quoi? — demanda Armand.

— Notre pari?

— Après?

— Il tient toujours?

— Pardieu!...

— Ainsi, de ce côté-là, tes affaires vont bien?...

— Mais, pas trop mal.

— Tu as revu la petite ?

— Évidemment.

— T'a-t-elle paru aussi jolie que l'autre soir ?

— Non, pas autant.

— Comment ?

— Mais, cent fois plus !...

— Vrai ?

— Parole d'honneur.

— Et tu réussiras ?

— Dans le plus bref délai.

— Permets-moi d'en douter encore...

— A ton aise, mais je te fais une proposition...

— Laquelle ?

— Il s'agit, n'est-ce pas, de six semaines et de cinq cents louis ?

— C'est exact.

— Eh bien ! doublons le pari, et réduisons les six semaines à un mois...

— Ah ! diable !

— Cela te va-t-il ?

— Ma foi, non.

— Tu n'es pas logique !... — puisque tu doutes de mon succès, il est de ton intérêt d'accepter... d'autant plus que, comme tu vois, je te fais la partie belle.

— C'est vrai.... — mais, ma foi, tu sembles si sûr

de ton affaire, que je n'ose me risquer... — mille louis sont une somme, mon cher...

— J'en ai justement besoin pour acheter le plus joli attelage de phaéton qui soit à Paris... — deux chevaux gris pommelés, de six ans, — deux bêtes sans pareilles!...

— Eh bien! dans tous les cas, je ne t'offrirai que la moitié de l'attelage...

— Tant pis!...

— Pas pour ma bourse... — Eh mais! dis-donc, est-ce que ces chevaux n'appartiennent pas à lord Edgard Willougby?...

— Précisément.

— Alors, je te conseille de te hâter de les acheter...

— Pourquoi?

— Parce que tu pourrais bien ne pas les avoir.

— Est-ce que tu connais quelqu'un qui en ait envie?

— Oui.

— Qui donc?

— Clodius.

— Ah! bah! — tu sais comment est ce fils d'huissier... il marchandera pour gagner cent écus sur les vingt mille francs, et les chevaux me resteront... —

— As-tu vu Clodius aujourd'hui?

— Non, — il me boude.

— A quel propos ?

— Toujours à propos de toi.

— Quelle plaisanterie !...

— Rien n'est plus sérieux, — il m'en veut rétrospectivement d'avoir entendu l'épigramme que tu lui as décochée l'autre soir au sujet des nièces d'huissier.

Armand se mit à rire.

La sonnette du foyer retentit. — Les deux jeunes gens échangèrent une poignée de main et se séparèrent.

§

Armand, le lendemain, alla en tilbury jusqu'auprès du canal.

Là il renvoya son groom et sa voiture, et se dirigea pédestrement vers son logis improvisé.

Installé derrière la persienne, il regarda, — le jardin était désert.

Ceci lui donna le temps de réfléchir à la conduite qu'il était convenable de tenir ce jour-là.

— Que dois-je faire ? — se demanda-t-il.

« Est-il d'une bonne stratégie amoureuse de me manifester aujourd'hui autrement que par ma présence ?...

« La petite a rêvé de moi, cette nuit, — c'est certain.

« Elle va venir aujourd'hui, tout-à-l'heure ; — cela n'est pas douteux.

« Faut-il, à mes regards expressifs, unir une pantomime passionnée ?

« Faut-il parler par quelques-uns de ces gestes dont les jeunes filles comprennent si bien le muet langage ?

« Faut-il risquer un billet doux ?

Après une pause de quelques minutes, accordées au travail de la réflexion, Armand formula, à peu près en ces termes, la réponse à quelques-unes des questions qu'il venait de se poser :

— Ce n'est pas toujours par les plus courts chemins qu'on arrive le plus vite!... — Ceci est un axiome vieux et usé jusqu'à la corde, mais indiscutable.

« La petite ne semble pas farouche, — mais on a vu certaines tourterelles, presque privées, s'effrayer cependant d'une brusque agression... — parce que l'oiseleur avait voulu les mettre trop vite en cage, elles s'enfuyaient à tire d'ailes et ne revenaient plus...

« Pour tourner une jeune tête, ma contemplation muette, mon admiration non équivoque, valent bien un langage plus vif et plus coloré.

« La bataille est gagnée d'avance, — ne compromettons point par un coup de main intempestif une victoire certaine.

« Un billet pourrait tout remettre en question, — une déclaration écrite est trop précipitée pour un second jour...

« J'attendrai à demain.

. . . .

. . . .

Armand, quoi qu'il ne fût point un bien habile anatomiste du cœur humain, ne se trompait cependant guère en supposant qu'il avait produit un très-vif effet sur la jeune fille.

Cette fois sa fatuité naturelle et acquise ne le mettait pas en défaut.

Suzanne, depuis la veille, se préoccupait singulièrement de ce jeune homme, entrevu un instant à la fenêtre de cette maison qu'elle croyait inhabitée.

Ce visage si pâle, si distingué, — et, croyait-elle, — si mélancolique, — réalisait admirablement, pour son imagination exaltée, le type rencontré dans de nombreux romans, et auquel ne ressemblaient guère les rares jeunes gens admis de temps à autre chez le commandant, soit parce qu'ils étaient les fils de quelqu'un de ses anciens compagnon d'armes, soit parce qu'ils étaient les frères de l'une des amies des jeunes filles.

Ajoutez à cela que Suzanne avait la conviction la mieux arrêtée que ce jeune homme était venu là pour elle, — guidé par un amour qui ne tarderait pas à se déclarer.

Elle n'avait pu se tromper à l'expression de ses yeux!.., — c'était bien ainsi que tous les jeunes premiers des mélodrames qu'elle avait vu représenter, attachaient leurs regards sur celle à qui ils avaient donné leur cœur.

D'ailleurs, ce jeune homme n'avait-il point fermé précipitamment la persienne, aussitôt qu'elle n'avait plus été seule dans le jardin?

Était-il besoin d'une preuve plus positive?

Assurément non.

XIII

LE SECOND JOUR.

Pendant tout le reste de la soirée et pendant toute la nuit, Suzanne pensa à ce bel inconnu aux cheveux noirs.

Éveillée, elle y songeait.

Dans ses rêves, elle le vit encore.

Aussi ce fut avec une ardente impatience qu'elle attendit le lendemain.

Une heure plus tôt que de coutume elle était levée, — elle avait mis à sa toilette un soin particulier et elle descendait au jardin au risque de mouiller ses petits pieds dans la rosée des bordures humides.

Toutes les persiennes de la maison voisine étaient closes, — on eût dit une demeure inhabitée.

Suzanne éprouva un certain désappointement qui ne fit qu'augmenter, à mesure que le temps s'écoulait.

Cependant elle ne quitta le jardin qu'au moment où Mariolle l'appela pour le déjeuner.

Armand n'avait point paru, — et pour cause.

Nous savons qu'à cette heure il dormait profondément dans son délicieux appartement de la rue Caumartin.

Contre sa coutume, Suzanne se montra d'une humeur massacrante pendant toute la durée du repas du matin.

Irritable et nerveuse à l'excès, elle fut parfaitement maussade avec Berthe, et fort peu gracieuse avec le commandant.

Quant à la malheureuse Mariolle, — elle eut à subir de sèches et nombreuses récriminations.

Les petits pains étaient *rassis*...

Les côtelettes brûlées...

Le beurre manquait de la fraîcheur désirable...

Le café ressemblait à une infusion sans couleur et sans parfum...

Et cœtera... et cœtera... et beaucoup d'autres *et cœtera !*...

Bref, Mariolle était une déplorable servante ! — une cuisinière impossible !...

La pauvre Normande, complètement ahurie et désespérée, sous cette avalanche de reproches immérités et inattendus, ne trouva rien de mieux à faire que de porter à ses yeux un des coins de son tablier, et de sangloter abondamment.

Nous savons déjà que Suzanne était la bien-aimée du commandant qui ne pouvait s'empêcher de la préférer quelque peu à sa sœur Berthe, plus sérieuse et moins communicative.

Mais, ainsi qu'il arrive souvent aux parents qui ont gâté leurs enfants outre mesure, M. Simon éprouvait une véritable épouvante quand la plus jeune de ses filles entrait dans une veine de caprices moroses et d'emportements sans motifs.

Il ne savait alors comment s'y prendre pour apaiser l'orage et pour éloigner de lui ces bourrasques.

— Ma petite fifille... — dit-il à Suzanne, vers la fin du déjeuner, d'un air conciliant et d'un ton soumis et doux, — je crains que tu ne sois un peu malade...

— Et, pourquoi donc cela ? — s'écria la jeune fille.

— Parce que tu n'as rien mangé...

— Tout était mauvais !!...

— C'est juste... — mais...

— Mais, quoi ?...

— Il me semble aussi que tu as le teint légèrement fatigué...

— J'ai mal dormi.

— Ah ! tu vois bien !... — Voyons, souffres-tu de quelque part ?...

— J'ai mal à la tête... mais ce n'est rien...

— Pauvre fifille... elle a mal à la tête !... — Aussi, je me disais bien que tu n'étais pas dans ta disposition d'esprit habituelle...

— C'est-à-dire que vous me trouvez de mauvaise humeur !!... — interrompit vivement Suzanne.

— Non pas !... non pas !... — Au contraire... — Seulement tu me sembles triste...

— C'est que je ne m'amuse pas.

— Mon Dieu ! et que faudrait-il donc faire pour t'amuser ?...

— Je ne le sais pas.

— De quoi as-tu envie, fifille ?

— De rien.

— Cependant il faut te dis[...]re... — tu ne sors pas assez... — tu lis trop...

— Est-ce un reproche ?...

— Par exemple !... — tu es bien la maîtresse de faire tout ce que tu veux !... — mais il serait bon de te promener un peu... c'est indispensable pour le mal de tête...

— Je me promène dans le jardin.

— Ça ne suffit pas, fifille... ça ne suffit pas...

— Mais, si.

— Mais, non.

— Où voulez-vous donc que je me promène ?...

— Ah ! voilà !... — j'avais pensé à une chose... j'avais formé un petit projet...

— Voyons, mon père, parlez donc ! vous nous faites horriblement languir !...

— Voilà, fifille... — Il s'agirait d'une jolie partie...

— Quelle partie ?

— Si tu voulais nous sortirions tout à l'heure... — nous irions tout doucement à Saint-Ouen, tout en nous promenant... — nous passerions une heure ou deux sur l'eau et nous finirions la journée par

un petit dîner dans l'île... — Qu'en dis-tu, fifille?...
— qu'en dites-vous, mes enfants?

En toute autre circonstance, la seule pensée d'une partie semblable à celle dont parlait le commandant aurait fait bondir Suzanne de plaisir.

Mais l'idée de s'éloigner pour tout le reste du jour, sans savoir si l'inconnu se remontrerait à la fenêtre, ne put qu'augmenter l'irritation nerveuse de la jeune fille.

— Ah! le joli projet, — s'écria-t-elle, — et comme il est gracieux à vous de me proposer une course horriblement fatigante, quand vous voyez comme je suis souffrante!!...

— Mais, fifille, rien ne nous empêcherait d'aller en voiture...

— C'est cela!... afin que les cahots d'un abominable fiacre changent mon mal de tête en migraine...

— Mais, fifille, il ne dépend pas de moi de te donner une berline ou un briska admirablement suspendus...

— Eh bien! quand on n'a à sa disposition que d'ignobles citadines, on reste chez soi!...

— Fifille... fifille... je croyais te faire plaisir...

— Vous voyez que vous vous étiez trompé.

— Dam !... tu aimais tant la campagne et la rivière... et Sain-Ouen est un si joli endroit...

— Eh bien ! allez-y avec Berthe.

— Et toi ?...

— Moi, je resterai ici et je me guérirai pendant votre absence...

— Méchante fifille !... tu sais bien que ni ta sœur ni moi nous ne voudrions d'un plaisir que tu ne partagerais pas...

La conversation en resta là.

Suzanne remonta dans sa chambre, où elle s'enferma sous prétexte de dormir, mais en réalité afin de pouvoir penser tout à son aise...

A quoi ?

On le devine.

Assise auprès de la fenêtre, elle regardait dans le jardin d'un air pensif.

Soudain, avec un vif mouvement de dépit, elle vit Berthe et le commandant sortir de la maison et se diriger vers la charmille.

— Ah ! mon Dieu !... — murmura-t-elle presque à haute voix ; — ah ! mon Dieu !... les voilà maintenant qui vont s'installer là-bas !... — moi qui comptais que tout à l'heure je pourrais être seule au jardin !... allons, il est dit qu'aujourd'hui tout se déclarera contre moi !...

Et Suzanne, — la rieuse Suzanne, — oppressée par un chagrin inconnu et indéfinissable, dont il lui aurait été impossible de s'indiquer à elle-même la cause et la nature, cacha sa tête blonde dans ses deux petites mains et fit comme Mariolle, c'est-à-dire qu'elle se mit à pleurer longuement et amèrement.

Ces larmes produisirent sur son organisation le même effet que produit une pluie rafraîchissante sur les fleurs écrasées sous une chaleur orageuse.

Elles la calmèrent et la détendirent.

Suzanne s'avoua à elle-même que sa conduite depuis le matin était ridicule.

Elle essuya ses pleurs et, quittant sa chambre, elle se mit en devoir d'aller retrouver son père et sa sœur.

Mais, à peine avait-elle fait quelques pas dans la direction de l'escalier, qu'elle entendit sonner à la porte extérieure de la maison.

Elle attendit avant de descendre.

Mariolle ouvrit, — puis, presque aussitôt, cria :

— Eh ! mam'selle Berthe... mam'selle Berthe... — arrivez donc vite ici, s'vous plaît... vous en serez bien aise après...

Berthe accourut à cet appel.

L'instant d'après Suzanne entendit, au bas de

l'escalier, des voix fraîches et juvéniles mêlées à la voix de sa sœur.

C'étaient deux de leurs plus intimes amies de pension, qui venaient leur faire une visite.

Suzanne aimait beaucoup ces jeunes filles.

Aussi descendit-elle en toute hâte et mêla-t-elle de très-bon cœur ses embrassements à ceux de Berthe et des nouvelles venues.

Pendant quelques secondes le jeune homme pâle fut complètement oublié.

Le commandant qui, depuis le matin, s'amusait fort peu, profita de cette diversion pour prendre son chapeau et disparut clandestinement.

L'excellent homme allait au café du théâtre faire sa partie quotidienne.

Le jardin resta désert.

C'est en ce moment que le baron d'Nngirey s'était installé à son poste d'observation.

Pendant environ une demi-heure, les quatre jeunes filles restèrent au salon.

Puis, l'une des visiteuses ayant demandé si le commandant avait vu éclore sur ses plates-bandes quelques fleurs nouvelles, le gracieux escadron se dirigea vers le jardin.

On commença par regarder les fleurs fraîchement épanouies, avec la gravité de bourgmestre hollandais examinant des tulipes.

Mais bientôt les jeunes filles, ainsi que de véritable pensionnaires en vacances, cherchèrent une occupation plus animée.

Une partie de raquettes s'organisa sous la charmille.

Rien n'était gracieux comme de voir les volants bondir et fendre l'air.

Rien n'était charmant comme les tailles souples et flexibles de ces jolies enfants, se ployant en mille poses imprévues, naïves et hardies.

On eût dit une composition de Camille Roqueplan.

Tout à son ardeur enfantine, Suzanne ne se souvenait réellement pas qu'il existait sous le ciel un jeune homme pâle aux cheveux noirs.

La jeune fille rêveuse et romanesque avait disparu pour faire place à l'enfant joueuse.

Armand, derrière sa persienne, voyait ce qui se passait et comprenait à merveille qu'il avait un rival redoutable, — le volant.

Ceci lui faisait légèrement froncer le sourcil.

Heureusement pour lui, l'occasion se présenta de regagner d'un seul coup tous ses avantages.

Suzanne, par hasard, — tandis que sa partenaire

ramassait le volant tombé dans une plate-bande, — leva les yeux vers la maison voisine.

Armand ouvrit rapidement la persienne, — de façon à être vu de la jeune fille, — et la referma de même.

Ceci voulait dire clairement :

— Je suis là, — j'y suis pour vous, — et, comme je veux que vous seule le sachiez, je me cache...

Suzanne devint pourpre.

— Je suis fatiguée, — dit-elle à son amie qui se préparait à lui renvoyer le volant, — je ne jouerai pas davantage aujourd'hui.

— Cela suffit pour le second jour, — pensa Armand de son côté.

Et, comme la veille, il quitta Belleville et s'en alla achever la journée sur le boulevard des Italiens, à l'Opéra et au club.

XIV

BERTHE ET SUZANNE.

Les visiteuses de l'après-midi avaient quitté depuis longtemps Berthe et Suzanne.

La soirée était finie.

Le commandant fumait sa pipe, dans sa chambre, en fredonnant, entre chaque bouffée de tabac, le refrain de Béranger :

> On parlera de sa gloire
> Au village, bien longtemps !..

Les deux jeunes filles venaient de rentrer dans l'asile virginal qui leur servait de nid.

Berthe allait et venait dans la chambre, — rangeant et dérangeant avec une insouciance apparente quelques-uns de ces petits objets futiles dont les jeunes filles aiment à s'entourer.

Mais, tout en semblant ne songer à rien, elle observait Suzanne à la dérobée, et sur son visage un peu sérieux on aurait pu lire un intérêt affectueux et triste.

L'attitude de Suzanne expliquait surabondamment la muette préoccupation de sa sœur.

Après avoir délacé le corset qui dessinait, sans la gêner, sa taille fine et ronde, la plus jeune des filles du commandant avait dénoué ses cheveux.

Chaque soir, avant de se mettre au lit, elle les tressait en deux longues nattes que rien ne fixait sur sa tête.

Ce soir-là, Suzanne avait laissé cette charmante besogne interrompue.

Les masses opulentes de sa magnifique chevelure se déroulaient comme un manteau doré sur ses blanches épaules à moitié nues.

Assise sur le bord de sa couche, — un pied seulement déchaussé, — l'une de ses mains appuyée sur son genou, l'autre flottante dans le vide, — les yeux levés vers la corniche du plafond, à laquelle ils envoyaient un regard distrait et qui ne voyait pas, — Suzanne aurait posé merveilleusement, devant un grand artiste comme Clésinger, pour une statue de la Rêverie.

Cette rêverie était si profonde que les allées et venues incessantes de Berthe ne pouvaient la troubler.

A quoi pensait-elle?

Il nous semble tout à fait inutile de le dire à nos lecteurs qui le savent aussi bien que nous.

Berthe s'arrêta devant elle et murmura:

— Suzanne...

La jeune fille tressaillit.

Elle regarda sa sœur d'un air étonné, assez semblable à celui d'une somnambule qu'on éveillerait trop brusquement.

— Suzanne... — répéta doucement Berthe.

— Eh bien ?

— Veux-tu causer un peu avec moi ?

— Causer ?... avec toi ?... si je le veux ?... mais sans doute, — pourquoi me demandes-tu cela ?

— Parce que j'ai peur de te paraître importune...

— Toi ! — par exemple ! — tu veux causer, causons... quoique, je t'en préviens, je n'aie pas grand'-chose à dire...

Berthe s'assit sur le petit lit, à côté de sa sœur et lui prit la main.

Suzanne la laissa faire, quoiqu'avec un léger mouvement d'impatience.

Berthe poursuivit :

— Ma chère petite, tu me fais aujourd'hui beaucoup de peine...

— De la peine !... moi ? — s'écria Suzanne, — et pourquoi ?

— Parce qu'il me semble que tu ne m'aimes plus...

— Es-tu folle, voyons ?...

— Quand on aime bien les gens, on a confiance en eux.

— N'ai-je donc pas confiance en toi ?

— Non.

— Je te jure que tu te trompes.

— Et moi, je t'affirme que tu me caches quelque chose.

— Que veux-tu que je te cache?...

— Si je le savais je ne te le demanderais pas...

— Tu me le demandes donc?

— Oui.

— Alors, c'est un interrogatoire en règle? — fit Suzanne avec une ironie un peu sèche, et en retirant sa main que jusqu'alors Berthe avait tenue entre les siennes.

— Ce n'est pas un interrogatoire, chère petite, c'est une simple causerie, — si elle te déplaît je n'ajouterai pas un mot...

— Non... non, — fit Suzanne avec un nouveau sourire ironique, — va toujours, — je suis curieuse de découvrir ce que tu veux savoir, car, en vérité, je ne m'en doute pas!... — Tu m'apprendras mon secret, — ce sera original!...

— Tu plaisantes, ma sœur, mais de quel ton!...

— Allons, bon, — voilà mon ton mis en cause aussi!... — quelle voix dois-je prendre pour te plaire? — voix de tête ou de gosier? — contralto? soprano?... — choisis.

Et Suzanne se mit à rire, — d'un rire éclatant et contraint.

— Voyons, chère petite, — poursuivit Berthe, — tu ne prétends point avoir été aujourd'hui la même qu'à l'ordinaire, n'est-ce pas?...

— Mais, si.

— Ce matin, à déjeuner, je ne te reconnaissais pas...

— Tu sais bien que j'avais mal à la tête.

— Soit. — Mais après t'être enfermée dans ta chambre, quand Henriette et Noëmi sont venues, tu as repris tout d'un coup cette franche gaîté que j'aime tant à te voir...

— C'est que mon mal de tête était passé.

— Puis, un peu plus tard, dans le jardin, — tout à coup, — sans cause apparente, tu es redevenue sombre et rêveuse...

— C'est que mon mal de tête était revenu.

— Et au dîner, — et pendant toute la soirée, — et tout à l'heure encore cette tristesse... cette préoccupation... — n'ont-elles point de cause ?...

— Je suis un peu malade, voilà tout.

— Mais, d'où souffres-tu ?

— Il me semble que j'ai la fièvre.

Berthe appuya ses doigts blancs sur le poignet effilé de sa sœur.

— Tu n'as pas de fièvre, — lui répondit-elle, — c'est à peine si ta veine bat un peu plus vite que de coutume...

— Alors, admettons que je suis de mauvaise humeur et n'en parlons pas plus longtemps...

— Je te fatigue?

— Dam ! ça commence.

Berthe cacha son visage dans ses deux mains.

— Oh! ma sœur, ma sœur... — murmura-t-elle tristement, — je le disais bien, tu ne m'aimes plus !...

— Sais-tu bien que ceci est une phrase de drame, ma chère... — s'écria Suzanne, — tu l'as prononcée, du reste, avec un accent tout à fait supérieur !...

Berthe releva la tête.

— Suzanne, — dit-elle, — c'est mal ce que tu fais là !...

— Qu'est-ce que je fais?

— Tu vois que je souffre, et tu railles...

— C'est que je ne savais pas du tout que tu souffrais... — est-ce que c'est moi, par hasard, qui te fais souffrir?...

— Oui... c'est toi, ma pauvre sœur...

— Je dois te prévenir, dans ce cas, que je ne te sais pas le moindre gré d'une tendresse et d'un intérêt qui se manifestent de cette façon !... — c'est une singulière manière d'aimer les gens que de les questionner et de les tourmenter parce qu'ils ont mal à la tête et qu'ils ne désirent pas causer... — j'admets très-volontiers que je suis très-maussade et même insupportable... mais, cette confession faite, parlons d'autre chose ou plutôt ne parlons plus...

— Tu as raison, — balbutia Berthe, — puisque la confiance que tu avais jadis en moi n'existe plus, taisons-nous... cela vaudra mieux...

— Tu en reviens à la confiance !... mais, ma chère, tu es endormante !...

— Et toi, ma pauvre Suzanne, tu es désolante !...

— L'envie de jouer à la personne raisonnable et de régenter, t'ôte le bon sens !...

— Ces romans que tu lis sans cesse te tournent la tête !...

— Pauvres romans !... — que t'ont-ils fait ?...

— Je les hais, parce qu'ils te font du mal...

— C'est trop fort !...

— Malgré ce que tu me caches, je vois clair...

— Ah ! vraiment !...

— Tu te trouves malheureuse dans notre intérieur...

— Quelle idée !...

— Tu t'ennuies avec nous...

— Avec toi, ce soir, c'est possible !

— Tu rêves un avenir qui ne se réalisera pas... qui ne peut pas se réaliser !...

— Qui t'a donné, ma chère, ce don de prophétie ?...

— Ces livres maudits empoisonnent ta raison et ton cœur !...

— Pour des gens empoisonnés, mon cœur et ma raison se portent assez bien !... Il y a apparence que le poison dont tu parles est un poison lent !...

— Ils finiront par te perdre !... — poursuivit Berthe avec feu, — et j'ai bien peur que le jour où cela arrivera ne soit pas loin !...

Suzanne haussa les épaules.

— Ma chère sœur, — dit-elle en se levant et en commençant à natter ses cheveux, — restons-en là si tu le veux bien... — je vais me coucher et dormir... peut-être le sommeil calmera-t-il cette migraine que j'avais déjà, et que tu viens de redoubler... — bonsoir !...

— Bonsoir, pauvre enfant... — murmura Berthe.

— Bonsoir...

XV

LE TROISIÈME JOUR.

Après avoir ainsi éludé, en raillant, les questions de sa sœur, — après avoir évité de lui confier le secret de ce sentiment naissant que nous n'osons appeler du nom d'amour, — Suzanne se jeta sur son lit et fit semblant de s'endormir aussitôt.

Mais le sommeil était bien loin de sa couche.

La jeune fille avait replongé son âme dans cette rêverie interrompue un peu auparavant par les interrogations de Berthe.

Si sa vanité ombrageuse ne s'était point effarouchée en face des tendres instances de sa sœur, — si, en cédant à ses supplications touchantes, elle lui avait révélé sa pensée tout entière, peut-être cette confidence eût-elle suffi pour éloigner de son esprit le démon du vertige et de la folie, — peut-être aurait-elle été sauvée...

Mais, hélas! il en avait été décidé autrement...

La nuit porte conseil, — dit-on.

Les réflexions de la nuit ne produisirent pour Suzanne qu'un seul résultat.

Ce fut de lui inspirer la résolution de se contraindre davantage à l'avenir, — de mettre un masque sur sa pensée et sur son visage, — en un mot de dissimuler, afin d'éviter les commentaires que ne manquerait point de faire naître l'étrange changement survenu en elle.

Le lendemain matin, elle parut au déjeuner, telle en apparence qu'elle avait toujours été.

Le commandant Simon devint radieux, et manifesta sa joie de la façon la plus expansive.

Quant à Berthe, voyant la gaîté revenue dans les yeux de sa sœur et le sourire à ses lèvres, — elle espéra qu'elle s'était trompée dans ses conjectures de la veille et elle en éprouva une satisfaction profonde.

Vers midi et demi, le commandant sortit, selon son habitude de chaque jour.

Suzanne espéra que Berthe allait remonter dans sa chambre ou s'occuper à l'intérieur, et qu'elle pourrait aller seule au jardin.

Cet espoir fut déçu.

La journée était magnifique, et la chaleur presqu'accablante.

Le soleil tombait d'aplomb sur les hauteurs de Belleville, et les changeait en un vaste *Saharah*.

— Veux-tu venir nous installer sous la charmille ? — demanda Berthe à Suzanne.

Et elle ajouta presqu'aussitôt :

— Il n'y a guère que là qu'on puisse respirer aujourd'hui...

Suzanne eut grand'peine à retenir un mouvement d'impatience et presque de colère.

La présence de sa sœur au jardin lui semblait la

plus gênante de toutes les sujétions, le plus insupportable de tous les espionnages.

Mais elle réfléchit aussitôt qu'un refus de sa part ferait indubitablement soupçonner quelque mystère.

Elle répondit donc :

— Nous ferons comme tu voudras...

— Vas-tu lire, ou travailler ? — reprit Berthe.

— Je vais lire... — si tu veux bien le permettre, — tu sais que je suis peu travailleuse...

— Oh ! je le sais de reste... — murmura la jeune fille avec un sourire un peu triste, qui fit dédaigneusement hocher la tête à Suzanne.

La sœur aînée prit sa tapisserie. — La plus jeune, un volume du *Péché de Monsieur Antoine*, qui, cette époque, venait de paraître dans le fameu journal l'Époque, ce *Léviathan* de la presse.

Toutes deux s'acheminèrent vers le fond du jardin, où la charmille étendait son ombre protectrice.

Suzanne eut soin de faire placer sa sœur de façon à ce qu'elle tournât le dos à la maison voisine, qu'elle-même voyait en face d'elle.

De cette façon, il était à peu près indifférent pour elle que Berthe l'eût accompagnée.

Ceci lui rendit une grande partie de sa bonne humeur.

Elle ne s'absorba point exclusivement dans sa lecture, — elle rit, — elle plaisanta, — la conversation entre les jeunes filles fut même plus gaie et plus animée que de coutume.

Cependant Suzanne ne perdait point de vue pendant un seul instant la façade muette et les persiennes closes.

— N'est-IL donc pas là, — se demandait-elle, — pourquoi ne se montre-t-IL point, puisque je serais seule à le voir.

Le fait est qu'Armand ne se montrait point, par la raison bien simple qu'il n'était pas encore arrivé.

§

Vers deux heures, un certain ébranlement se manifesta dans les persiennes.

L'une d'entr'elles tourna doucement et sans bruit sur ses gonds et Suzanne vit apparaître le pâle et beau visage du héros de ses rêves.

Quoique, de seconde en seconde et depuis longtemps déjà, elle s'attendît à cette vision, tout son corps en reçut une sorte de secousse électrique et elle tressaillit si violemment que Berthe s'en aperçut et lui demanda :

— Qu'as-tu donc ?

— Je n'ai rien.

— Mais si... — tout à l'heure tu étais blanche comme un lis, et maintenant te voilà presqu'aussi rose qu'une pivoine...

— La tête m'a tourné... j'ai eu comme une sorte d'éblouissement...

— Et, tu vas mieux?

— Oh! c'est fini.

— En effet, voici que tes joues perdent leur trop vif éclat... — cependant, si tu le veux, je vais courir te chercher un verre d'eau...

— Non... non, merci, ce n'est pas la peine, je me sens complètement remise...

Suzanne, en parlant ainsi, relevait ses grands yeux bleus vers la fenêtre.

Quel chemin elle avait fait depuis si peu de temps!...

Deux jours auparavant elle voyait pour la première fois cet inconnu au visage pâle...

Aujourd'hui elle attendait son regard avec une fiévreuse impatience, elle le cherchait, et ce regard ne faisait point baisser le sien.

Armand, auquel nulle des nuances de son triomphe n'échappait, en jouissait en véritable *dilettante* en séduction.

Le moment lui semblait venu de joindre, — ainsi que nous le lui avons entendu dire à lui-même, —

les ressources variées de la pantomime, à la muette éloquence du regard.

D'ailleurs, Armand sentait à merveille qu'il avait affaire à une jeune fille tout à fait novice et qu'il n'y avait nul danger à charger un peu son rôle.

En conséquence, il donna à ses yeux une expression passionnée, qu'une prêtresse de Vénus-Bréda n'aurait pu envisager sans succomber aux accès d'un rire inextinguible.

En même temps, il appuya sa main droite sur son cœur, d'un air à la fois langoureux et solennel, et ses lèvres modulèrent un profond soupir.

Suzanne crut voir en lui Werther, Réné, Antony, et tous ces héros du drame et du roman moderne, qui portent sur leur pâle visage l'empreinte ineffaçable d'une âme ardente et ravagée.

Que n'aurait-elle pas donné pour savoir le nom de ce bel et triste inconnu ?

Pour connaître quelque chose de sa vie ?

Pour entendre le son de sa voix ?

Pour apprendre où il l'avait vue pour la première fois, et de quelle façon il avait commencé à l'aimer ?

— Bah ! — se dit Armand, après quelques secondes de la pose plastique et sentimentale que nous venons de décrire, — risquons le billet !... — j'imagine que maintenant je ne risque plus d'effaroucher la petite... — d'ailleurs ce que j'ai écrit n'est point compromettant...

Armand introduisit deux des doigts de sa main gauche dans la poche de côté de son gilet.

Il en tira un petit papier, plié autour d'un corps rond, qui n'était autre qu'une balle de plomb.

Il montra de loin ce papier à Suzanne, avec un geste qui signifiait :

— Puis-je le jeter ?

D'un rapide coup d'œil, Suzanne lui montra sa sœur.

— J'attendrai... — répondit Armand par un nouveau gesto.

Puis il referma presqu'entièrement la persienne, de manière à n'être point vu, si par hasard Berthe venait à se retourner.

Un quart d'heure se passa ainsi.

Suzanne était sur les épines.

Elle ne songeait pas à s'étonner de l'audace de ce jeune homme, qui, sans lui avoir jamais parlé, se permettait de lui écrire.

L'impertinence ultra-cavalière de ce procédé ne la froissait point.

Au contraire!...

N'avait-elle pas vu cent fois des faits du même genre dans les romans les plus intéressants ?

Suzanne ne songeait qu'à se demander ce que ce billet mystérieux pouvait contenir ?

Elle aurait sacrifié de grand cœur une année de sa jeunesse, pour que ce billet fût entre ses mains !...

Or, pour qu'il y fût, que fallait-il ?

Tout simplement que Berthe quittât le jardin pendant quelques minutes, — même pendant quelques secondes.

Mais comment faire pour l'éloigner ?

Suzanne chercha cent moyens.

Aucun ne lui parut praticable.

Elle allait y renoncer, quand une idée soudaine lui traversa l'esprit.

Elle poussa un petit cri, et fit semblant de chanceler sur sa chaise rustique.

— Eh ! bien ? — demanda Berthe vivement. — Eh bien ! chère petite, qu'y a-t-il encore ?

— C'est mon éblouissement de tout à l'heure qui me reprend... je vois tout danser autour de moi... il me semble que je vais tomber...

— Mon Dieu ! — s'écria Berthe, — tu m'inquiètes.

— Oh ! c'est peu de chose... ne te tourmente pas... — seulement, tout à l'heure, tu m'as offert un verre d'eau... tu me ferais bien plaisir en me le donnant...

— A l'instant même...

Et Berthe, laissant tomber son ouvrage, s'élança vers la maison.

A peine avait-elle disparu que la persienne se rouvrit.

La balle de plomb, enveloppée de papier et lancée par un bras vigoureux, vint tomber aux pieds de Suzanne.

Celle-ci se baissa vivement, — ramassa le billet, et le cacha précipitamment dans son sein.

Quand Berthe revint, elle était déjà rassise, et il ne restait nulle trace de ce qui venait de se passer.

XVI

CORRESPONDANCE.

Une fois en possession du précieux billet, Suzanne n'eut qu'une idée fixe.

C'était de pouvoir en prendre connaissance le plus tôt possible.

Pour cela faire, il ne fallait que rentrer à la maison et se trouver seule pendant un instant.

Rien n'était plus facile que de trouver un prétexte pour quitter le jardin.

Le prétendu malaise de Suzanne lui fournit ce prétexte.

Une fois dans sa chambre, où elle s'enferma pour éviter toute surprise, la jeune fille entr'ouvrit le corsage de sa robe, et prit dans son sein le dépôt qu'elle avait confié à ce charmant asile.

Lentement, et avec une palpitation de cœur indicible, elle défrippa le papier enroulé autour de la balle de plomb.

Ce papier ne renfermait que ces trois mots :

« *Je vous aime !...*

Mais quelles autres phrases auraient valu ces trois mots-là ?...

Le soir de ce jour, Suzanne ne fut point reconnaissable.

Non-seulement toute tristesse avait disparu, mais encore la jeune fille se montra d'une gaîté tellement folle et tellement expansive que le commandant se frotta les mains avec jubilation à plusieurs reprises différentes, et que Berthe se demanda quel motif inconnu pouvait rendre sa sœur aussi joyeuse.

§

Le lendemain matin, le ciel était gris, sombre

et couvert, du côté de Paris, de grands nuages ardoisés qui ne présageaient rien de bon.

En effet, vers midi, un violent orage se déclara.

Jusqu'à deux heures, on eût dit que les cataractes du ciel venaient de s'ouvrir.

Puis, peu à peu, un vent d'est assez violent balaya les nuages, — la pluie cessa et le soleil reparut, brillant, dans le ciel redevenu pur.

Mais le sable des allées restait humide, — la charmille ruisselait d'eau, — il était impossible de songer à aller travailler au jardin.

Berthe avait à faire, pour le ménage, quelques emplettes de peu d'importance.

Elle mit des socques à ses petits pieds, pour préserver ses bottines des mouchetures de la boue, et elle sortit avec Mariolle.

Suzanne et le commandant restèrent seuls.

M. Simon souffrait d'une subite attaque de rhumatisme qu'il attribuait à l'influence de l'orage.

Il n'avait pu aller au café du Théâtre faire sa partie quotidienne, — il était étendu, au salon, dans une chauffeuse, et il maugréait de son mieux.

On sonna à la porte de la cour.

En l'absence de Mariolle, Suzanne dut aller ouvrir, — quoiqu'il lui répugnât fort de s'abaisser à ces soins domestiques, elle qui rêvait volontiers de grands laquais, fort galonnés, n'attendant même pas ses ordres pour deviner et prévenir ses moindres désirs.

Le visiteur était un ex-capitaine de la garde impériale, l'un des plus anciens amis du commandant Simon.

Suzanne l'introduisit auprès de son père, et, laissant ensemble ces deux vieux soldats, elle courut au jardin, affrontant intrépidement et le sable mouillé et les charmilles humides.

Depuis le premier rayon de soleil, Armand s'attendant toujours à la voir paraître, la guettait derrière sa persienne.

Aussi, à peine avait-elle fait quelques pas entre une double haie de rosiers dont les fleurs étaient moins fraîches que ses joues et dont les feuilles étincelantes de gouttes de pluie, brillaient cependant moins que ses yeux, qu'un nouveau billet, toujours roulé autour d'une balle, tomba, comme la veille, à ses pieds.

Comme la veille aussi, Suzanne le ramassa et le fit vivement disparaître entre les plis de son corsage.

Puis elle se tourna à demi vers les persiennes entr'ouvertes et elle répondit, par un regard et par un sourire, au geste passionné d'Armand qui se penchait vers elle et qui lui envoyait un baiser.

Ajoutons cependant qu'elle rougit un peu, — indiquant ainsi que le baiser était arrivé à son adresse.

Mais cette rougeur devait-elle s'attribuer à la pudeur ou au plaisir ?

C'est là une importante question que nous ne nous chargeons pas de résoudre.

On devine que Suzanne ne perdit pas un instant, et courut de nouveau s'enfermer dans sa chambre.

Le billet qu'elle lut, était moins laconique que celui de la veille.

Nous allons le reproduire, mais nous prions nos lecteurs de vouloir bien remarquer que les lignes mises sous leurs yeux ne sont point de notre style, mais bien de celui du baron Armand d'Angirey.

Or, le baron Armand d'Angirey, — gentilhomme de bonne souche et viveur distingué, — n'était rien moins qu'un écrivain de première force.

« Mademoiselle, — disait-il, — puisque vous avez daigné ne point vous offenser de cet aveu *timide* que je laissais hier échapper de mon cœur, j'ose recommencer aujourd'hui.

« Ne vous en prenez point à mon audace, mademoiselle, vous seule êtes coupable... — C'est vous, — c'est votre beauté merveilleuse, bien au-dessus de ce que j'avais jamais vu, de ce que j'avais jamais rêvé, — ce sont tous ces charmes, de l'empire souverain desquels on ne saurait se défendre, qui m'exaltent jusqu'à la folie et me donnent une audace que je n'aurais jamais eue sans cela, car, plutôt que de m'exposer à vous déplaire et à vous blesser, j'aimerais mieux endurer mille morts, et, ce qui serait bien pis encore, j'aimerais mieux me résoudre à ne jamais vous revoir!...

« Mais vous me pardonnerez ces aveux qu'une passion impétueuse ne me permet point, ainsi que je le voudrais, de concentrer dans mon cœur!... — Vos yeux m'en ont déjà promis le pardon!... et des yeux comme les vôtres ne peuvent pas tromper!... Aussi profonds, aussi transparents que le ciel, dont ils ont la couleur divine, ils laissent lire jusqu'à votre âme, et cette âme est aussi radieuse de bonté, que votre jeune beauté est éclatante!...

« Depuis le jour où je vous ai aperçue pour la première fois je ne me suis plus appartenu, — j'ai été vôtre, — je le suis encore, — je le serai toujours!...

« Vous êtes désormais plus nécessaire à ma vie que ne le sont l'air et le soleil. — Rien que pour vous entrevoir, un instant, à la dérobée, je suis venu m'établir dans la maison qui touche à la vôtre, et cette maison, si triste et si misérable qu'elle soit, me semble plus belle qu'un palais, car, au moins, l'air que j'y respire est presque le même que celui que vous respirez vous-même.

« Daignerez-vous encourager cet *humble et modeste* mais brûlant amour que vous avez inspiré?...

« Oui, n'est-ce pas? — Car agir autrement serait être bien cruelle !... et vous ne l'êtes pas ! vous ne pouvez pas l'être !

« Songez, d'ailleurs, que cet amour pour vous, si impétueux qu'il soit, n'est pas et ne sera jamais exigeant !... — Mon cœur ne vous demande rien... rien que l'autorisation de continuer à vous aimer... rien que l'espoir qu'un jour vous partagerez cette ivresse qui me transporte, ce sentiment, le plus délicieux de tous, qui fait que deux cœurs battent à l'unisson, que deux âmes se fondent en une seule pour murmurer un hymne d'amour...

« O Suzanne, si vous êtes autre chose que la plus belle, mais aussi la plus insensible de toutes les créatures, — si c'est un cœur jeune et chaud qui tressaille dans votre blanche poitrine, vous aurez pitié de celui qui, de vous, implore à deux genoux une réponse...

« Vous vous laisserez toucher par cette prière suppliante !... Vous ne me condamnerez point à un désespoir dont les suites vous épouvanteraient vous-même, car, si je me voyais repoussé par vous, qu'aurais-je encore à faire dans ce monde, désormais désert pour moi ?...

« A l'extrémité de votre jardin, dans l'angle du mur qui le sépare de celui de la maison d'où je vous écris, vous verrez une balle de plomb pendue au bout d'un fil de soie...

« Si vous daignez attacher quelques lignes à ce fil, vous ferez le plus heureux des hommes, de celui qui en est le plus amoureux !...

« Ange de beauté, j'espère et j'attends !... »

§

A la lecture de cette épître, dont il nous aurait fallu pour bien faire souligner toutes les phrases, nous voyons d'ici un sourire ironique se dessiner sur les lèvres de nos lectrices.

— Non jamais !... jamais... — disent-elles, — une fille d'Ève n'a pu se prendre à ce pathos extravagant, à cette phraséologie ridicule !...

Hélas ! ce n'est pas avec son esprit qu'une jeune fille peut juger les billets d'amour de celui qu'elle va aimer ou qu'elle aime déjà !...

L'amour naissant jette un prisme sur toutes choses, — et ce prisme change la couleur et la forme des objets !

Le cœur féminin est ainsi fait !

Toujours est-il que la lettre d'Armand parut à Suzanne un chef-d'œuvre, auprès duquel les lettres de Saint-Preux à Julie eussent semblé glaciales et sans éloquence.

Elle la lut et elle la relut vingt fois.

Puis, enfin, — et sans même se donner le temps de la réflexion, car elle sentait bien que si elle réfléchissait, peut-être elle ne répondrait pas, — Suzanne prit une feuille de papier, trempa sa plume dans l'encre, et traça les lignes suivantes :

« J'ai eu tort, monsieur, oh! bien grand tort de recevoir vos billets, et je suis encore plus coupable d'y répondre comme je le fais... — Sans doute vous allez me juger mal, mais cependant je ne me sens pas le courage de vous désoler, et j'aime mieux être coupable que de vous faire trop de peine...

« Vous dites que vous m'aimez... — je veux le croire... — vous me demandez de vous aimer aussi...

« Peut-on aimer un inconnu? et vous êtes encore un inconnu pour moi... — Je ne sais rien de vous, pas même votre nom... — J'ignore où vous m'avez vue pour la première fois, et depuis combien de temps... — Vous voyez qu'il serait imprudent à moi de trop penser à vous...

« Le mieux, je crois, serait de ne pas vous occuper davantage d'une jeune fille qui n'a bien certainement aucune des qualités que trop d'indulgence vous font trouver en elle...

« Cependant, dans la crainte de vous pousser, ainsi que vous le dites, à quelque extrémité, je n'ose pas vous défendre absolument de me regarder...

« Si vous ne consentez point à ne plus m'écrire, je crois qu'il faudrait attacher vos lettres au bout de ce fil de soie dont vous parlez, et ne le faire que quand je suis seule au jardin... »

Ce billet achevé, Suzanne ne le relut même pas.

Elle le plia avec soin, de manière à ce qu'il ne formât qu'un très-petit volume et elle le cacha dans sa poche.

Elle descendit au salon, afin de bien s'assurer que Berthe n'était point rentrée.

Le commandant Simon et l'ex-capitaine de la garde impériale continuaient leur tête-à-tête et se narraient réciproquement les *annales de la grande armée*. — Occupation divertissante!...

Suzanne retourna au jardin et gagna rapidement la charmille.

A l'endroit convenu, la balle de plomb pendait à l'extrémité du fil de soie.

Suzanne, du bout de ses doigts un peu tremblants

attacha son billet, et, en terminant, donna une légère secousse au cordon.

Fil et billet remontèrent aussitôt, et disparurent par-dessus la crête du mur.

XVII

SUITES D'UNE CORRESPONDANCE.

Le lendemain une nouvelle missive arrivait à Suzanne par la voie qu'elle avait indiquée elle-même.

Dans cette lettre, non moins longue que la précédente, et que nous ne reproduirons point, — car il nous semble que nous avons donné un échantillon bien suffisant du style de M. d'Angirey, — le jeune homme pâle (après des remerciments passionnés à *l'ange qui ouvrait à son âme les horizons de l'avenir*), répondait aux questions de Suzanne.

La vérité et la fiction se partageaient ses réponses.

Armand disait son nom, sa fortune, sa brillante position dans le monde.

Il racontait la soirée au Théâtre-Historique et l'impression produite sur lui par la vue de Suzanne.

Il affirmait avoir suivi lui-même le commandant et ses deux filles, à la sortie du spectacle.

Puis il retombait dans des périodes sans fin, au sujet de la *flamme qui brûlait son cœur.*

Suzanne, en apprenant qu'elle était aimée par un gentilhomme, — par un homme riche, — par un des rois de la mode et de l'élégance, —ressentit une immense joie, et, tout ce qu'il y avait en elle d'orgueil, ou plutôt de vanité, tressaillit et s'exalta outre mesure.

Ainsi donc il allait s'ouvrir devant elle ce magique avenir qu'elle n'avait entrevu que dans ses livres favoris !...

Elle, — comme disait Berthe, — elle, l'humble fille du vieux commandant, — elle allait, par la seule puissance de sa beauté souveraine, prendre place au premier rang !

Elle allait devenir une grande dame !...

Elle aurait des chevaux, — des voitures, — des valets de pied galonnés !... et, sur les portières de son coupé de fières armoiries surmontées d'un tortil de baron !...

Son mariage avec Armand lui donnerait tout cela...

Et ce mariage, à qui le devrait-elle ? — à elle seule.

Voilà où l'auraient amenée ce que sa sœur appellerait sans doute sa *légèreté*, — son *inconséquence*.

Et, tandis qu'elle deviendrait baronne, Berthe, malgré sa réserve, — sa réflexion, — sa sagesse et sa rare prudence, — arriverait peut-être à épouser quelque malheureux petit employé, aux appointements de dix-huit cents francs, ou de cent louis tout au plus !...

Nous avons prononcé le mot : *mariage*.

Il ne faudrait point, en effet, que nos lecteurs supposassent à Suzanne une précoce dépravation qu'elle n'avait point.

Sans doute la jeune fille était irréfléchie, inconsidérée, et sans principes bien solides.

Mais cependant l'idée de devenir la maîtresse d'Armand ne se présentait point à son esprit.

Elle ne doutait pas un instant qu'un mariage ne vînt couronner toute cette belle intrigue.

Elle voulait bien pousser le roman jusqu'à ses derniers chapitres.

Mais elle avait la conviction la plus arrêtée que l'écharpe municipale et le surplis ecclésiastique en consacreraient le dénouement.

C'est pour cela qu'elle marchait en avant avec une audace insensée, et sans se douter qu'elle allait droit à un abîme dont chaque pas la rapprochait

Armand, lui, en sa qualité d'homme et de viveur voyait beaucoup plus clair dans la marche des choses.

Il profitait de cet avantage avec une certaine habileté, et, à mesure que sa partie se faisait plus belle, il serrait son jeu, de façon, non-seulement à ne pas perdre un pouce du terrain conquis, mais à avancer toujours.

Le soir, quand la jeune fille s'approcha furtivement de l'extrémité de la charmille, afin de voir si un billet se suspendait au fil de soie, elle entendit une voix étouffée à dessein, et qui semblait venir du ciel :

— Suzanne... — murmura cette voix.

La jeune fille fut au moment de pousser un cri de surprise et presque d'effroi.

Mais elle se contint, et leva les yeux, pour tâcher de savoir d'où venait cette voix.

Elle aperçut, entre des touffes de verdure, le visage d'Armand qui dépassait le couronnement de la muraille.

Pendant toute la journée, le jeune homme avait utilisé son échelle de corde, en l'attachant à une grosse branche d'un arbre qui, de son côté, touchait au mur mitoyen.

De cette façon, il s'était ménagé la possibilité de causer tout à son aise avec Suzanne.

On devine que les jeunes gens profitèrent longuement de cette facilité d'échanger leurs pensées et de remplacer l'écriture par la parole.

Les entrevues, durant les deux ou trois jours qui suivirent, devinrent si fréquentes que Berthe finit par remarquer que sa sœur ne quittait presque plus le jardin, et que souvent, contre sa coutume, elle ne prenait pas de livre pour s'y rendre.

Berthe savait que les goûts de Suzanne étaient médiocrement champêtres et qu'elle ne pouvait guère s'être éprise pour les fleurs des parterres d'une passion si vive et si subite.

Elle la surveilla donc de son mieux.

Mais elle ne découvrit rien, car Suzanne s'aperçut tout d'abord de la surveillance dont elle était l'objet, et, s'en étant aperçue, elle la déjoua sans peine.

Deux ou trois fois pendant un laps d'une dizaine de jours, le commandant Simon mena ses filles au spectacle.

Armand prévenu par Suzanne eut soin de se trouver aux mêmes théâtres.

Pendant toute la soirée c'était entre lui et Suzanne un continuel échange de regards et de sourires.

Puis, le spectacle fini, Suzanne avait le plaisir de voir celui qu'elle aimait monter dans une charmante voiture, attelée de chevaux anglais d'un grand prix.

Et elle se disait tout bas que bientôt elle aurait sa place à côté de lui dans ce gracieux équipage.

§

Depuis quinze jours environ Armand était devenu le locataire de la petite maison de Belleville.

Chaque jour se renouvelaient les entrevues dont nous avons parlé, — entrevues de plus en plus dangereuses pour Suzanne, quoique matériellement bien innocentes puisqu'il y avait une muraille de dix à douze pieds de hauteur entre les deux amants.

Armand, parfaitement certain qu'il avait tourné la tête de Suzanne, commençait à trouver que les choses traînaient en longueur.

Il voyait avec effroi la situation menacer de rester dans le *statu quo*.

Suzanne l'aimait, ou, — ce qui revenait au même, — elle se persuadait qu'elle l'aimait.

C'était beaucoup, — mais ce n'était pas assez.

Armand ne visait pas seulement au cœur de la jeune fille, — il la voulait tout entière, — et, après avoir marché dans l'origine si bien et si vite, il se trouvait maintenant à court d'expédients nouveaux et il ne savait qu'entreprendre.

Le hasard lui vint en aide.

Le commandant Simon, en homme dont l'éducation première avait été fort négligée à l'endroit des usages de la bonne compagnie, et qui depuis lors n'avait jamais eu l'occasion de se donner d'autres habitudes, laissait volontiers ses servantes se mettre avec lui sur un pied d'extrême familiarité.

Souvent, pendant le repas, la bonne grosse Normande Mariolle, — qui cumulait, nous le savons, les fonctions de cuisinière et celles de femme de chambre, — s'installait dans une embrasure, sa serviette à la main, une assiette de l'autre, et se mêlait à la conversation, disant son mot, à propos de tout, sans façon et sans gêne.

Le commandant riait beaucoup des originales naïvetés, et des excentricités de langage de cette brave fille.

Cette familiarité était tout à fait indifférente à Berthe.

Instinctivement Suzanne s'en choquait, — mais elle ne manifestait point le petit malaise que lui faisaient éprouver ces habitudes qui lui semblaient, et, à bon droit, bourgeoises au plus haut point.

Or, nous n'ignorons point que les sympathies de Suzanne n'étaient point pour la bourgeoisie, — surtout depuis qu'elle rêvait très-sérieusement les tortils de la couronne baroniale et les voitures armoriées.

Un matin donc, Mariolle, après avoir mis sur la table un des plats du déjeuner, — au lieu de retourner dans sa cuisine, resta dans la salle à manger, allant, venant, sans cause apparente, mais cherchant à coup sûr dans sa tête un moyen d'entrer ingénieusement en matière.

Sa bonne et large figure normande exprimait le contentement infini de soi-même, qu'éprouve quelqu'un qui sait une nouvelle importante et qui s'apprête à en faire part à des auditeurs bien disposés.

Le commandant Simon finit par remarquer cette expression.

Il reposa sur le plat la cuillière avec laquelle il venait de servir ses filles, et il dit :

— Eh bien ! Mariolle, voyons, qu'y-a-t-il ?... — est-ce que vous savez quelque chose de nouveau ?... — est-ce que le pain est augmenté ? — est-ce que trois maisons de Belleville ont brûlé cette nuit ?...

XVIII

LE RÉCIT DE MARIOLLE.

Mariolle, au lieu de répondre aux questions de M. Simon, mit son gros poing sur sa forte hanche et dit:

— M'sieu l'commandant, un faux monnayeur c'est-il un voleur ?

— Mais, certainement, puisqu'au lieu de bonnes pièces de cent sous en argent, il donne de mauvais écus de cinq francs en plomb...

— Ça n'est pas ça tout à fait que je voudrais savoir, m'sieu l'commandant...

— Qu'est-ce donc ?

— C'est si les faux monnayeurs entrent dans les maisons pour y commettre des brigandages...

— Je ne sais pas précisément s'ils le font, mais je les en crois tout à fait capables... du moins pour la plupart... — Qui vole d'une manière peut voler de l'autre... — Tous les coquins se donnent la main...

— Ah ben ! — s'écria Mariolle, — si c'est ça, c'est

moi qui vas faire joliment attention à tout, à présent... et fermer les portes le soir ! — et barricader les volets, — et visiter le jardin, donc, dans ses coins et dans ses *racoins !*

Berthe et Suzanne ne pouvaient s'empêcher de rire de l'exaltation de la Normande.

Le commandant lui demanda :

— Ah çà ! Mariolle, devenez-vous folle ?

— Moi !... Jésus mon Dieu !... oh ! que nenni !...

— Vous en avez tout l'air, cependant !...

— Et à cause donc, m'sieu l'commandant, à cause ?

— Vous nous parlez de voleurs, de faux monnayeurs, de portes fermées, de volets barricadés !... —A coup sûr vous n'êtes pas dans votre bon sens...

— Que si !... que si, que j'y suis !...

— Alors expliquez-vous mieux ! — Nous a-t-on volé ?

— Pas encore, que le bon Dieu en soit béni !... Mais, pour sûr, si on ne fait pas bien attention, ça ne tardera guère !...

— Mais, enfin, pourquoi ?... voyons ?

— M'sieu l'commandant et ses demoiselles connaissent-ils la veuve Mathurel ?

— Je crois que c'est la fruitière qui demeure en face... — répondit Berthe.

— Tout juste, mam'selle.

— Eh bien? — fit M. Simon...

— Eh bien c'est d'elle que je tiens la chose... — Une bien brave femme, chez qui j'achète nos petites légumes. — Elle m'a mise au courant de la *grande* mystère...

— Quel mystère?

— Dame!... Je ne sais pas bien raconter, moi, m'sieu l'commandant, je dis comme je peux... — Donc, le faux monnayeur demeure à côté, dans la petite maison qui touche à la nôtre et qui était à louer...

Suzanne, en entendant ces mots, fit un mouvement brusque qu'elle s'efforça aussitôt de réprimer.

Mais ce mouvement brusque n'avait point échappé à Berthe, qui se mit à observer sa sœur à la dérobée, avec une profonde attention.

Mariolle reprit:

— Ce faux monnayeur, la veuve Mathurel l'a vu et même elle lui a parlé... — il paraît que c'est un très-beau garçon, avec une grande barbe noire et des moustaches, mais une figure pâle, pâle comme comme celle de M. Debureau, dans le *Billet de mille francs*, au théâtre des *Funambules*, et l'air d'un véritable criminel... — il paraît qu'il a demandé ses renseignements à la veuve Mathurel avant que de louer, et même qu'il s'inquiétait beaucoup si on n'entendrait pas son marteau à fausse monnaie, depuis la rue et depuis votre maison... — La veuve Mathurel, qui avait son idée, lui a répondu que non. — Vous comprenez que c'est commode de l'avoir là, comme ça, sous la main, pour le faire prendre par la gendarmerie... — Alors, il a loué la maison au père Trinquart, le cordonnier qui en est chargé par le propriétaire, m'sieu Mirontaine... — et même il a payé une grosse somme en or...

— En or faux ? — demanda le commandant.

— Oh! que non point! —répliqua Mariolle, —le brigand connaît trop bien son affaire pour faire des coups pareils en commençant!... c'était bien ma foi du bon or... — il paraît que le lendemain il est venu avec un grand fiacre plein de ses outils à fausse monnaie, même que quatre commissionnaires qui suivaient le fiacre, en ont eu leur charge pour porter le tout dans la maison... — et depuis ce temps-là, figurez-vous qu'on ne sait, ni ce qu'il fait, ni comment il vit, ni rien du tout... — il ne reste presque pas dans la maison, — il va et il vient, — il couche ailleurs, de peur d'être arrêté, bien sûr, — il arrive sur les deux ou trois heures, enfin toute l'existence d'un véritable malfaiteur... — Mais ce n'est pas tout, — il paraît que le père Trinquart allait chez m'sieu Mirontaine qui demeure dans une autre maison qu'il a rue des Fossés-du-Temple, — car il a des maisons partout, m'sieu Mirontaine, — il a vu le jeune homme qui descendait, près du pont du canal, d'un cabriolet magnifique, attelé de quatre chevaux, comme le carrosse du roi... preuve que le brigand se cache pour venir faire à Belleville ses abominations... mais la mère Mathurel le surveille et elle va, pour sûr, l'aller dénoncer ces jours-ci au commissaire de police qui le fera prendre...

— Et c'est là tout? — demanda M. Simon.

— Mais, dam! il semble qu'en voilà bien assez, et qu'on ne risque rien de se tenir sur ses gardes...

Le commandant haussa les épaules.

— Ma pauvre Mariolle, — dit-il, — votre fruitière et vous, vous êtes deux folles...

— Ah! par exemple!...

— Oui, deux folles! — elle, en inventant des absurdités qui n'ont pas l'ombre du sens commun; vous, en les répétant sans savoir ce que vous dites...

— Mais, m'sieu l'commandant, pourtant, ce jeune homme... ça ne me paraît point naturel...

— Eh! pardieu! c'est clair comme bonjour. — Ce jeune homme est probablement un de ces mauvais sujets riches et blasés, à qui leurs grandes dames, leurs actrices et leurs drôlesses habituelles ne suffisent plus, et il vient ici incognito parce qu'il file une intrigue avec quelque pauvre fille de Belleville... j'en mettrais ma main au feu...

— Ma foi, — répliqua Mariolle, — ça se peut bien tout de même, et, puisque vous le dites, m'sieu l'commandant, vous qui avez bien plus d'esprit que la veuve Mathurel, je vous crois...

Berthe, nous le répétons, s'était mise à observer avec attention Suzanne.

Pendant le récit qui précède, cette dernière, mise sur ses gardes, avait assez bien veillé sur elle-même.

Mais, quand elle entendit les derniers mots de son père, dont le gros bon sens avait mis d'une façon si précise le doigt sur la vérité, la jeune fille, malgré tous ses efforts, ne put s'empêcher de rougir et de pâlir successivement.

Ces symptômes de trouble furent pour Berthe un trait de lumière.

Tout ce qui, depuis quelque temps, lui semblait obscur et même incompréhensible dans la conduite, dans les allures, dans le caractère de Suzanne, lui fut expliqué soudainement.

Elle se dit qu'à coup sûr sa sœur abandonnait son âme à quelque fol amour... — Que peut-être même elle se trouvait en butte à quelque hardie tentative de séduction.

Berthe n'avait qu'une année de plus que Suzanne, mais elle s'était imposé la loi de veiller en quelque sorte comme une mère sur la jeune fille, — sachant bien à quels périls l'exposeraient l'aventureuse légèreté de son caractère et l'exaltation romanesque de ses idées.

Aussi, lorsque le commandant Simon fut sorti, à son heure accoutumée, elle dit à Suzanne :

— Ma chère petite, veux-tu que nous montions dans notre chambre ?...

— Maintenant ?

— Oui.

— Et pourquoi faire ?

— Je voudrais causer avec toi.

— Ne pouvons-nous causer au salon ou au jardin ?

— Non.

— Eh bien ! j'ai envie de prendre l'air, — nous causerons plus tard.

— Il faut que ce soit tout de suite.

— Ah ! bah ! — c'est donc bien grave, ce que tu as à me dire ?...

— Oui, ma chère, extrêmement grave.

— Et cela n'admet pas de retard ?... — fit Suzanne avec ce ton ironique dont elle avait l'habitude en parlant à sa sœur...

— Aucun, — à moins cependant que tu ne veuilles que je te dise devant notre père, ce que j'aurais voulu ne dire qu'à toi seule ?...

Ces mots éveillèrent un rapide soupçon dans le cœur de Suzanne...

— Berthe saurait-elle donc quelque chose ? — se demanda-t-elle.

Et elle ajouta tout haut, d'une voix sèche et altérée :

— Eh bien ! puisque tu y tiens tant, montons tout de suite...

— Ma chère petite, — lui dit Berthe après avoir fermé la porte de la chambre, — je te disais, il y a quelques jours, un soir, que tu me faisais beaucoup de peine... que tu me cachais un secret... que je prévoyais des malheurs...

— Eh bien, — interrompit Suzanne, — ces malheurs, ils ne sont point arrivés que je sache...

— Si, ma sœur, ils sont arrivés !...

— Alors, je ne les connais pas ?...

— Tu les connais.

— Est-ce une énigme que tu désires me faire deviner ?...

— Suzanne, ne plaisante pas ainsi !... — Je suis en

ce moment plus que sérieuse, je suis désolée, et, tu le vois, mes larmes coulent...

— Quand tu m'auras appris pourquoi, vraisemblablement je te plaindrai..

— Suzanne, je sais tout.

— Tout ? — quoi ?

— La cause de tes tristesses subites et de tes joies immodérées... — la cause du changement survenu dans ton caractère et dans ton cœur... — je sais ta folie, qui, je l'espère, n'est pas encore coupable, et je veux t'arrêter sur le penchant du gouffre où tu tomberais sans moi !...

XIX

LES DEUX BILLETS.

— Joli ! joli ! joli ! — interrompit Suzanne. — C'est aussi bien écrit qu'une tirade de M. d'Ennery, mais, jusqu'à présent, ça ne signifie absolument rien !...— Abrége donc un peu, je t'en prie, et arrive au fait...

— M'y voici.

— C'est heureux.

— Tu as entendu, comme moi, ce matin, le récit de Mariolle...

— J'ai entendu, mais je n'ai pas écouté... — Ces bavardages idiots de fruitière et de servante m'intéressent fort peu...

— Et puis, peut-être en savais-tu plus long que cette pauvre fille...

— Plus long ? — Comment ?

— Ce jeune homme... Notre nouveau voisin...

— Ah ! le faux monnayeur... — Eh bien ?

— Tu le connais.

— Moi ?

— Tu le connais, ma sœur.

— Quelle idée !...

— Ce n'est pas une idée, c'est une certitude... — Ce jeune homme est venu là pour toi... il cherche à te séduire et peut-être déjà l'aimes-tu !...

Suzanne était devenue très-pâle.

— Ah çà ! mademoiselle ma sœur, — s'écriat-elle au bout d'un instant, — savez-vous bien que tout ceci me fatigue et m'irrite !... — De quel droit me prenez-vous pour but de vos absurdes suppositions !... — De quel droit vous faites-vous l'espion de ma conduite et de mes pensées ?

Berthe ne releva point tout ce qu'il y avait d'injurieux pour elle dans les expressions dont Suzanne venait de se servir.

Peut-être même n'en fut-elle point blessée.

— Mon enfant, ma pauvre enfant, — répondit-elle, — ce droit, je le tiens de mon ardente affection de sœur, — je veux te sauver de toi-même et malgré toi, et, pour y parvenir, j'emploierais tous les moyens...

— Est-ce une menace ?

— C'est un avertissement, voilà tout.

— Et, ces moyens que vous comptez mettre en œuvre, quels sont-ils, je vous prie?

— D'abord mes conseils...

— Je n'en veux pas !

— Mes prières...

— Je les repousse !

— Mes larmes...

— Elles ne me touchent pas !

— Eh bien! et puisque tu m'y forces, je préviendrai notre père de ce qui se passe...

— Tu ferais cela !!... — s'écria Suzanne, — tu ferais cela, toi, ma sœur !

— Je le ferai.

— Mais, c'est infâme !... joindre ainsi la délation à l'espionnage !... et tu dis que tu m'aimes !... Ah ! méchante fille !... mauvaise sœur !...

— Ni l'une ni l'autre, mon enfant, — répondit Berthe avec un calme apparent, quoiqu'elle sentît son cœur se gonfler et les sanglots monter de sa poitrine à ses lèvres, — ni méchante fille, ni mauvaise sœur. — Mais, je te le répète, il faut te sauver à tout prix, et, peut-être, ne contesteras-tu point à mon père le droit de veiller sur toi...

— Eh bien ! parle, puisque tu le veux !... entasse mensonges et calomnies !... Mon père m'aime et ne te croira point...

— Il me croira, car je ne t'accuserai pas d'une faute, mais d'une imprudence... — Tant mieux, d'ailleurs, si, plus clairvoyant que moi, il voit que je me suis trompée !... — Mais il faut qu'il soit sur ses gardes et prêt à se dresser entre le déshonneur et sa fille chérie.

Suzanne comprit que la détermination de Berthe serait inflexible, si elle-même ne semblait point déterminée à recevoir les conseils de sa sœur et à se laisser guider par elle.

Or, pour rien au monde, elle n'aurait voulu voir le commandant mis au fait de son amour pour Armand,

Elle résolut donc de jouer la comédie avec sa

sœur, et d'obtenir d'elle le secret en la trompant par une soumission hypocrite et habilement calculée.

Une fois cette résolution prise, elle la mit aussitôt à exécution.

D'abord elle gagna la confiance de Berthe par un aveu prétendu.

Elle lui raconta qu'en effet, depuis quelques jours, elle voyait un beau jeune homme à la fenêtre de la maison voisine.

Elle ne nia point qu'elle supposait que ce jeune homme venait là pour elle.

Elle avoua même qu'il avait fait sur son cœur une impression assez vive.

Mais elle ne parla ni de la correspondance qui avait eu lieu entre eux, ni des conversations de chaque jour à l'angle de la charmille.

Berthe ne douta point de l'absolue sincérité de sa sœur.

Elle se dit que le mal était beaucoup moins grand qu'elle ne l'avait supposé d'abord.

Il ne pouvait rien y avoir de sérieux dans le sentiment que cet inconnu avait inspiré à Suzanne. — C'était là, tout au plus, le rêve vague et indéterminé d'un cœur romanesque, ou plutôt d'une imagination vagabonde.

Berthe supplia sa sœur de prendre sur elle-même de chasser de son esprit ces folies dangereuses.

Elle la conjura de couper court à cette naissante intrigue en cessant de se montrer au jardin, ce qui ne manquerait point de décourager bien vite le jeune homme inconnu.

Suzanne fit semblant de pleurer beaucoup et finit par promettre tout ce que Berthe lui demandait.

Que risquait-elle, en effet?

Ainsi que de grands personnages politiques, n'était-elle point déterminée d'avance à ne pas tenir ses serments?

Berthe l'embrassa avec effusion et se dit:

— Ma sœur m'est rendue!...

Une heure après, Suzanne courait au fond du jardin et attachait au bout du fil de soie un billet qui contenait ces mots:

« *Tout est compromis, cher Armand, — on se doute que nous nous aimons, — mon père ne sait rien, mais une autre personne a tout deviné. — Pendant deux ou trois jours vous ne me verrez pas, car je suis obligée de redoubler de prudence pour détourner les soupçons. — Je m'arrangerai de façon à pouvoir causer librement avec vous un de ces soirs et je vous préviendrai par un billet. — Je souffre plus que vous de cette contrainte. — Pensez à moi, et aimez-moi comme je vous aime.* »

§

Trois jours s'écoulèrent.

Pendant ces trois jours Suzanne ne négligea rien pour inspirer à Berthe la confiance la plus absolue.

Elle eut soin de ne quitter pour ainsi dire pas sa sœur.

Le premier jour elle sembla triste et préoccupée.

Le second jour, elle feignit de prendre sur elle-même et de lutter courageusement contre sa préoccupation.

Le troisième jour, elle parut avoir triomphé et se montra si franchement gaie que Berthe s'applaudit d'une cure qu'elle regardait comme complète.

Cependant, et pour plus de précautions, non pas contre Suzanne, mais contre ce jeune homme qui, peut-être, n'avait pas encore renoncé complètement à sa poursuite, Berthe songea qu'il serait bon d'éloigner sa sœur de Belleville pendant quelques jours.

Le commandant Simon avait une cousine, mariée dans les environs de Versailles et habitant avec sa famille une petite propriété, moitié ferme et moitié villa.

Chaque fois que cette parente venait à Paris, c'est-à-dire deux ou trois fois par an, elle ne manquait point de monter à Belleville et de supplier le vieil officier de venir passer quelques jours auprès d'elle avec ses filles.

Le commandant, promettait toujours, mais ne tenait jamais.

Bref, la visite était encore à faire.

Le soir du troisième jour, Berthe mit la conversation sur ce sujet, et témoigna le plus vif désir d'aller passer une semaine à la campagne.

Rien au monde ne pouvait en ce moment contrarier autant Suzanne.

Mais, dans la position particulière où elle se trouvait vis-à-vis de sa sœur, elle n'osa point combattre ce projet.

Le commandant, persuadé qu'il était également agréable à ses deux filles, consentit à ce que Berthe lui demandait, et fixa le départ au surlendemain.

Suzanne avait un jour devant elle.

Sous un prétexte quelconque elle rentra dans sa chambre et elle écrivit ces deux lignes :

« *Demain soir, à neuf heures, soyez au bout du jardin. — Attendez-moi jusqu'à ce que j'arrive.* »

Puis, avant de rentrer au salon, elle attacha son billet à l'extrémité du fil conducteur.

Sûre de son rendez-vous pour le lendemain, — car elle était bien décidée à tout braver et à ne point partir sans avoir revu Armand, — elle fit contre mauvaise fortune bon cœur, et, rentrée dans sa chambre avec Berthe, elle parla du voyage projeté avec l'assurance d'une véritable satisfaction, et elle s'occupa des mille petits détails du départ avec une liberté d'esprit et un air d'enjouement qui n'auraient point manqué de dissiper les soupçons de sa sœur si cette dernière en avait conservé quelques-uns.

XX

LA MALADE.

A force d'être vraies, certaines vérités deviennent des lieux communs qu'on n'ose plus répéter.

Ainsi, que n'a-t-on pas dit à propos des grands événements enfantés par de petites causes ?

Parfois les destinées humaines sont soumises à des influences si bizarres que c'est à faire croire à la fatalité. — Parfois le Hasard, ce dieu aveugle et fou, — plus aveugle et plus fou que l'Amour lui-même, — s'amuse à jouer le rôle du coup de vent, déchaîné soudainement dans un ciel calme, et qui pousse un canot perdu, sur la roche où il périra.

Voici de quelle façon la fatalité s'entremit dans l'existence de Suzanne.

Voici quel fut le coup de vent qui brisa sur l'écueil la frêle barque de la jeune fille.

Le lendemain, à l'heure accoutumée, Berthe voulut quitter son lit.

Mais il lui sembla que ses membres, soudainement affaiblis, se dérobaient sous elle et lui refusaient le service.

En même temps elle éprouvait un malaise étrange.

Tantôt un froid mortel envahissait ses veines, — tantôt une sueur ardente ruisselait sur son front.

Les draps de sa couche étaient, tour à tour, un glacier et une fournaise.

— Mon Dieu, — se demanda Berthe avec un commencement d'inquiétude, — mon Dieu, qu'ai-je donc, et que se passe-t-il en moi?...

Puis, et comme elle ne pouvait répondre elle-même à cette question, elle appela sa sœur d'une voix faible et presque indistincte.

Suzanne s'était endormie tard et son sommeil durait encore.

Cependant elle s'éveilla en entendant la voix de Berthe.

Elle se souleva sur son séant, et tournant ses beaux yeux encore mal ouverts du côté du lit qui se trouvait en face du sien, elle murmura :

— Qu'est-ce que tu veux ?

Berthe ne répondit point.

Une défaillance venait de s'emparer d'elle, et sa tête retombait, pâle et inerte, sur l'oreiller.

— Eh bien ! — répéta Suzanne, — eh bien, que veux-tu ?

Berthe continua à garder le silence, — ou plutôt elle ne répondit que par un gémissement sourd.

Suzanne se frotta les yeux, — elle chassa son sommeil et regarda mieux.

Elle vit alors l'étrange pâleur de sa sœur aînée.

Elle s'en inquiéta, et, s'élançant hors de son lit, elle courut s'agenouiller auprès de celui de Berthe.

Elle lui prit la main qu'elle trouva sèche et brûlante, — elle écouta sa respiration, haletante et saccadée.

Son inquiétude se changea en épouvante.

— Berthe ! — s'écria-t-elle, — Berthe ! ma sœur !... réponds-moi... qu'as-tu donc ?... pourquoi cette pâleur ?... est-ce que tu souffres ?...

La défaillance de la jeune fille touchait à sa fin.

Elle put se soulever de nouveau, et elle articula d'une voix faible :

— Oui... je souffre...

— Mais qu'est-ce que tu as ?

— Je ne sais pas...

— Est-ce la fièvre ?

— Je crois que oui.

— Pourquoi ne pas m'avoir éveillée cette nuit?...

— Cette nuit, je ne souffrais pas...

— Ainsi, ce n'est que depuis un instant ?

— Oui.

— Peut-être ce ne sera-t-il rien...

— Peu-être.., je l'espère... je le crois...

Mais une nouvelle crise vint à l'instant même démentir les paroles de la jeune fille et l'espoir qu'elle donnait à elle-même et à sa sœur.

Une vague de sang embrasé monta de son cœur à son front.

Ses joues se couvrirent d'une rougeur ardente.

Les veines de son front se gonflèrent jusqu'à se briser et ses yeux brillèrent de cet éclat surnaturel que la fièvre ou la folie peuvent seules donner.

En même temps ses lèvres s'entrouvrirent, et elle balbutia, mais péniblement et avec effort :

— Oh! je souffre... je souffre comme si j'allais

mourir... ma sœur... mon père... au secours... sauvez-moi...

Ces paroles semblèrent l'épuiser.

Elle retomba en arrière et demeura immobile, tandis que la nuance pourpre qui couvrait son front et ses joues devenait plus épaisse encore, et que l'éclat insoutenable de ses yeux fixes augmentait.

Alors l'épouvante de Suzanne ne connut plus de bornes.

Elle passa à la hâte quelques vêtements, — les premiers qui lui tombèrent sous la main, — et, s'élançant dans l'escalier, elle cria de toutes ses forces :

— Au secours... au secours... ma sœur est malade... bien malade...

On devine quel effet foudroyant produisirent ces sinistres paroles.

Le commandant Simon et Mariolle, presqu'aussi pâles, presqu'aussi effarés l'un que l'autre, se précipitèrent à la fois dans la chambre des jeunes filles.

Berthe ne sembla pas voir son père.

Le vieux soldat, sanglotant de douleur et d'effroi, se laissa tomber à genoux auprès du lit de sa fille aînée, dont il prit les deux mains brûlantes entre ses mains qui tremblaient.

— Au nom du ciel! — balbutia-t-il, — qu'est-il

arrivé à mon enfant?... — Comment, l'ayant quittée hier au soir souriante et joyeuse, se peut-il faire que je la retrouve ainsi ce matin?...

A ces questions, Suzanne ne pouvait répondre et ne répondit en effet que par ses pleurs.

Le commandant reprit :

— Mais, enfin, cette nuit... cette nuit... que s'est-il passé?...

— Rien, mon père, — murmura Suzanne, — j'ai dormi... Berthe dormait aussi, je crois... c'est ce matin seulement... tout à l'heure... qu'elle m'a appelée... elle était bien pâle... elle m'a dit qu'elle souffrait... qu'elle se sentait brûler et transir... puis elle est retombée en arrière, en criant au secours... c'est alors que je suis sortie et que j'ai crié à mon tour...

Il n'y avait rien à ajouter à ce simple récit.

M. Simon le comprit.

Le vieux soldat, sur les champs de bataille, avait vu trop souvent la mort de près, soit pour lui, soit pour les autres, pour ne pas recouvrer à l'instant même tout son sang-froid en face du péril.

Il commanda à son épouvante de se calmer, — à son émotion de disparaître.

La terreur et l'émotion obéirent.

Les yeux du commandant restèrent humides,

mais son front redevint calme et son cœur, en proie aux déchirements d'une atroce angoisse, ne battit pas plus vite que de coutume dans sa poitrine cicatrisée.

Suzanne et Mariolle se tordaient les mains en gémissant.

— Silence! — leur dit-il, — silence!... — Ne voyez-vous donc point que si Berthe vous entendait, votre douleur ainsi exprimée pourrait lui donner un coup mortel!...

Puis il donna l'ordre à Mariolle de courir chez le médecin le plus proche et de le ramener sur-le-champ.

La bonne fille s'élança aussitôt hors de la maison.

Pendant tout le temps que dura son absence le commandant Simon se tint debout et immobile au chevet de cette couche virginale, l'œil fixé sur ce charmant visage empourpré d'où la sueur coulait à grosses gouttes.

Suzanne, agenouillée au pied du lit, cachait sa tête dans les couvertures et s'efforçait de contenir et d'étouffer ses sanglots, — mais, tout au plus, parvenait-elle à les rendre muets.

Rendons justice à la jeune fille.

En ce moment, toute son affection pour sa sœur s'était ranimée, plus vive que jamais.

Elle eût voulu souffrir et mourir à sa place.

La pensée de son fol amour pour Armand était bien éloignée de son cœur, et elle ne songeait guère à se dire que la subite maladie de Berthe rendait facile son rendez-vous du soir et retardait indéfiniment ce départ pour la campagne dont elle s'était vue menacer.

Enfin le médecin arriva.

Il examina longuement la jeune fille.

Il s'efforça de remonter, par des questions, aux causes de ce mal si soudain.

Il demanda si Berthe avait éprouvé récemment quelque chagrin violent?

Si elle avait eu à subir quelque vive inquiétude?

Si elle avait paru en proie à quelque préoccupation inaccoutumée?

Suzanne baissa la tête et garda le silence.

Le commandant répondit que nul chagrin, nulle inquiétude, nulle préoccupation n'étaient venus troubler l'âme et le repos de sa fille.

— Sa vie d'hier, — ajouta-t-il, — a été celle de tous les jours... une vie que je m'efforce de rendre douce et facile pour Berthe comme pour Suzanne, et dont ces enfants se trouvent heureuses...

En présence de ces affirmations, le médecin se vit obligé de rejeter sur une crise toute naturelle l'invasion d'une maladie dont les causes lui échappaient.

— C'est, — dit-il, — une violente fièvre nerveuse, — peut-être, dans la journée, y aura-t-il du délire, mais, jusqu'à présent, le danger n'existe pas...

— Viendra-t-il donc ?... — demanda le commandant d'une voix altérée.

— J'espère que non... je crois même pouvoir en répondre, pourvu que rien ne vienne troubler et agiter la malade... — Un repos absolu de corps et d'esprit, voilà, dans le cas présent, le premier, le meilleur de tous les remèdes...

Ensuite il écrivit une ordonnance et partit, en annonçant qu'il reviendrait le lendemain matin, et en priant qu'on l'envoyât chercher le soir même si quelque symptôme nouveau et inattendu se manifestait.

XXI

LA MALADE (suite).

Ainsi que l'avait prévu le médecin, le délire se déclara vers le milieu de la journée.

Mais ce délire fut doux et calme, — si nous pouvons ainsi parler.

Berthe semblait rêver tout haut.

Elle prononçait lentement, et avec l'accent de la prière, des phrases interrompues, dans lesquelles Suzanne trouvait un sens, mais qui n'en offrait aucun pour le commandant.

Dans ses phrases le nom de sa sœur revenait sans cesse, ainsi que ces mots :

— Tu m'as promis... tu m'as promis...

Suzanne se sentait remuée jusqu'au fond du cœur.

Le vieux soldat, lui, écoutait en pleurant silencieusement, quoiqu'il eût été un peu rassuré par l'affirmation du médecin que le danger n'existait point encore, et que sans doute ce danger ne viendrait pas.

Vers quatre heures le délire disparut complètement.

Peu après la fièvre parut céder à son tour, — le visage perdit ses tons pourpres qui furent remplacés par une pâleur transparente.

Les yeux de Berthe perdirent leur trop vif rayonnement, et leurs regards, dans lesquels l'intelligence était revenue, s'attachèrent sur le commandant et sur Suzanne.

Ce fut pour le vieux soldat et pour la jeune fille un moment délicieux.

Berthe leur sourit doucement et leur tendit les mains.

— Eh bien ! chère fille, — demanda M. Simon en serrant entre les siennes la petite main moite encore de Berthe, tandis que Suzanne embrassait sa sœur avec effusion, — comment te trouves-tu maintenant?...

— Mais, bien, mon père, fort bien... est-ce que je suis malade?

— Un peu.

— C'est singulier... je ne souffre pas...

— Pas du tout?

— Pas plus qu'à l'ordinaire... il me semble que rien ne m'empêche de me lever...

— Garde-t'en bien ! — répliqua le commandant.

— Pourquoi ?

— Parce que le médecin a défendu que tu bouges...

— Le médecin ?

— Sans doute.

— Il est donc venu ?

— Je l'avais envoyé chercher.

— Je ne l'ai pas vu... je dormais donc ?

— Oui.

— Ce n'était guère la peine de le déranger pour si peu...

— Mais, puisque tu avais la fièvre...

— Je ne l'ai plus... — je me souviens bien d'avoir été souffrante, ce matin, et de l'avoir dit à Suzanne... ensuite, je me suis endormie... — Maintenant c'est fini, complètement fini... — Pourquoi donc rester au lit plus longtemps ?

— Parce que le médecin l'a bien recommandé...

— Toujours le médecin... Mais, puisque je ne suis pas malade...

— Eh bien ! c'est une précaution pour éviter une rechute... il vaut mieux ne pas te lever aujourd'hui... la journée sera bientôt passée...

— Puisque vous le voulez, mon père, soit... Mais cela ne nous empêchera point de partir demain pour aller chez ma tante, n'est-ce pas ?...

— Demain, non, — mais dans quelques jours...

Un nuage de tristesse envahit le front de Berthe.

— Pourquoi remettre ?... — demanda-t-elle. — Vous savez bien que nous nous faisons une fête de ce petit voyage...

Le médecin avait recommandé d'éviter pour Berthe, par-dessus tout, les contrariétés.

Aussi le commandant répondit :

— Repose-toi donc aujourd'hui, et, si tu te sens

tout à fait forte demain matin, nous partirons.

— A la bonne heure!.... —fit la jeune fille joyeusement.

La conversation entre le commandant et Berthe dura encore quelques instants, puis M. Simon sortit, afin de laisser ses filles ensemble.

Aussitôt qu'il eut refermé la porte de la chambre, Berthe s'écria :

— Tu vas voir que je ne suis plus malade et qu'en vérité, ce médecin ne sait ce qu'il dit.

Et, rejetant vivement les couvertures, elle voulut descendre du lit.

Mais elle avait compté sans cet accès de fièvre nerveuse, qui, en quelques heures, avait anéanti les forces de son corps.

Elle se trouva faible, comme après une semaine de maladie, — elle se recoucha en murmurant tristement :

— Le médecin et mon père avaient raison tous deux... j'ai été malade... bien malade... et je le suis encore... et nous ne pourrons pas partir demain...

Suzanne s'efforça de la rassurer, de la consoler, mais sans y parvenir entièrement.

Berthe n'écoutait guère ce que lui disait sa sœur, et parlait d'une voix faible, mais avec une vivacité fébrile.

Pendant quelques minutes, Suzanne eut la crainte de voir l'accès du matin recommencer.

Pour obéir aux prescriptions de l'ordonnance, elle donna à Berthe quelques cuillerées d'un breuvage calmant et soporifique.

L'effet de ce breuvage fut prompt.

La voix de la jeune fille devint de plus en plus basse, — ses paroles de moins en moins distinctes.

Bientôt ce ne fut plus qu'une sorte de bourdonnement confus, qui, lui-même, s'éteignit entièrement.

La tête de Berthe s'appuya plus mollement sur l'oreiller.

Ses yeux se fermèrent.

Elle dormait.

C

L'heure du dîner arriva.

Ni le commandant ni Suzanne n'avaient songé à déjeuner ce jour-là.

Ils allèrent donc s'asseoir l'un et l'autre dans la salle à manger, devant un plat de viande froide achetée au dehors, tandis que Mariolle s'installait à leur place à côté du lit où Berthe dormait toujours.

Le repas, on le devine, fut court et fut triste, —

le père et la fille n'échangèrent qu'un bien petit nombre de paroles, et toutes ces paroles se rapportaient à Berthe.

Aussitôt après avoir pris à la hâte quelque nourriture, le commandant et Suzanne remontèrent à la chambre de Berthe.

Cette dernière ne s'était point réveillée.

L'âcre parfum de l'éther saturait l'atmosphère lourde, — les derniers rayons du soleil couchant pénétraient à travers les rideaux entr'ouverts de la fenêtre, — ils mettaient des paillettes lumineuses au flanc des potiches remplies de fleurs, — ils entouraient comme d'une auréole la tête pâle de la jeune fille endormie, reposant sur l'oreiller parmi les nattes de ses cheveux noirs dénoués, — mettant en lumière le léger cercle d'azur, tracé autour de ses longues paupières abaissées, et le demi-sourire un peu triste de ses lèvres entr'ouvertes.

Peu à peu le soleil éteignit ses rayons, — le crépuscule arriva, rapide, et l'obscurité envahit la chambre par gradations insensibles.

Il était en ce moment à peu près sept heures du soir.

Suzanne et M. Simon, assis tous les deux auprès du lit, restaient muets et l'on n'entendait d'autre bruit que le tic-tac monotone de la petite pendule, et les aspirations régulières de la respiration de Berthe.

Une heure et demie se passa encore.

À la douteuse clarté du crépuscule avaient succédé des ténèbres compactes.

Suzanne se pencha vers le commandant.

— Mon père, — lui dit-elle, en étouffant le son de ses paroles, — vous le voyez, ma sœur dort, — tout va bien, — vous devez avoir besoin de fumer un peu, vous qui n'avez pas fumé aujourd'hui, — laissez-moi seule auprès de Berthe pendant une heure, — si j'avais besoin de vous, je vous appellerais...

On sait ce que c'est, pour un vieux soldat, que l'habitude de la pipe et du cigare.

On n'ignore point que la privation de nourriture et de boisson est, à certains égards, moins pénible que celle de tabac.

Le commandant, — qui, en face du paisible sommeil de sa fille aînée, ne pouvait éprouver aucune inquiétude immédiate, — accueillit avec empressement l'ouverture faite par Suzanne.

Il se retira donc aussitôt, sur la pointe du pied, et il s'enferma dans sa chambre où il bourra incontinent sa glorieuse pipe d'écume de mer, de la plus forte quantité de tabac qu'elle put contenir.

Trois minutes après, il flottait, — comme les demi-dieux d'Ossian, — dans un véritable nuage de vapeurs.

§

En éloignant ainsi son père, — nos lecteurs le savent à merveille, — Suzanne avait un motif.

L'heure de son rendez-vous avec Armand arrivait.

Elle voulait pouvoir quitter la chambre et passer quelques minutes au jardin, sans s'exposer à ce que Berthe se réveillât et questionnât le commandant sur la cause de son absence.

A neuf heures moins un quart, elle alluma, avec des précautions infinies, une petite veilleuse, qu'elle plaça dans la cheminée, afin que cette clarté discrète dissipât l'épaisseur des ténèbres sans produire cependant une lumière trop vive.

Ceci fait, Suzanne s'assura de nouveau que Berthe dormait toujours d'un profond et paisible sommeil.

Ensuite, retenant son haleine, étouffant le bruit de ses pas, elle se dirigea vers la porte que le commandant n'avait pas complètement fermée en sortant.

Une fois sur le carré, Suzanne prêta l'oreille de nouveau.

Rien n'avait remué dans la chambre.

La jeune fille, alors, descendit rapidement l'escalier, ou plutôt se laissa glisser comme une ombre le long de la rampe.

XXII

LE RENDEZ-VOUS.

Depuis le coucher du soleil, de grands nuages avaient monté lentement à l'horizon et couvraient le ciel sombre.

Pas une clarté, si faible et si voilée fût-elle, ne se glissait parmi les ténèbres opaques.

Pour nous servir d'une locution vulgaire, mais expressive, il faisait *noir comme dans un four.*

Suzanne trouva ouverte la porte qui, depuis le couloir, donnait dans le jardin.

Elle s'enfonça résolûment dans les allées, écrasant sous son pied furtif les plus belles fleurs des plates-bandes, — car l'obscurité impénétrable ne lui permettait point de distinguer le droit chemin.

Sa marche avait été si rapide qu'elle arriva à la charmille plutôt qu'elle ne le supposait elle-même.

Elle se heurta contre un tronc d'arbre assez vivement pour ne pouvoir contenir un faible cri.

Il lui sembla qu'un léger bruit de pas et qu'un froissement de branches répondaient à ce cri.

Elle s'arrêta, — elle retint sa respiration haletante et elle prêta l'oreille, en imposant de son mieux silence aux battements de son cœur.

Le bruit qu'elle avait cru entendre ne se renouvela point.

Suzanne pensa qu'elle s'était trompée, et, la main étendue pour se garer contre de nouveaux chocs, elle reprit sa marche, mais lentement et avec des précautions infinies.

Quand elle eut atteint l'angle formé par la muraille du jardin, à l'extrémité de la charmille, elle s'arrêta de nouveau.

— Armand, — murmura-t-elle, — êtes-vous là?..

Elle s'attendait à entendre venir d'en haut la voix qui allait lui répondre:

— Oui.

Il n'en fut rien.

Cette voix, dont le timbre bien connu lui faisait toujours battre le cœur, retentit à ses côtés.

Et, tandis que cette voix accentuait amoureusement ces mots :

— Suzanne... chère Suzanne... me voici... — Deux bras caressants enlaçaient sa taille souple et frémissante et se refermaient sur elle.

Dans le premier moment, le saisissement et la frayeur rendirent Suzanne muette et immobile.

Puis, revenue à elle-même, elle essaya de se dégager, mais elle l'essaya si mollement et avec si peu d'envie réelle d'en venir à bout, que le jeune homme n'eut à faire que bien peu d'efforts pour se maintenir dans le premier avantage qu'il venait de conquérir.

— Armand... Armand... — balbutia Suzanne au bout de quelques secondes, — quelle imprudence !... quelle folie !... — Comment avez-vous osé franchir cette muraille ?... — Comment se fait-il que vous soyez ainsi dans le jardin de mon père ?...

La réponse d'Armand à ces questions fut tellement entrecoupée de baisers, que nous ne saurions en reproduire bien exactement les termes.

Nous allons parler pour lui et répondre à sa place.

L'avant-dernier billet de Suzanne (celui dans lequel la jeune fille annonçait qu'elle serait plusieurs jours sans paraître au jardin) avait singulièrement contrarié M. d'Angirey.

Le viveur commençait à se lasser de ces platoniques amours, — de ces tendresses à distance, — de ces dialogues du haut d'un mur, — et de tout ce romanesque échafaudage qui n'aboutissait à rien, pas même à lui faire toucher le bout du joli doigt de Suzanne.

L'intrigue dans laquelle il s'était lancé lui paraissait traîner en longueur de la façon la plus insipide et la plus décourageante.

Malgré la merveilleuse beauté de la jeune fille qu'il s'était promise pour maîtresse, il aurait, sans aucun doute, déjà renoncé à son entreprise s'il n'eût été soutenu par des motifs que nous connaissons et qui touchaient de beaucoup plus près à l'amour-propre qu'à l'amour.

Lorsque, la veille, il avait trouvé au bout du fil de soie le billet laconique qui lui donnait rendez-vous pour le lendemain à neuf heures, il s'était dit sur-le-champ que le moment était venu de saisir l'occasion par les cheveux et de faire un grand pas.

La profonde obscurité de la nuit, que la lune naissante n'éclairait point encore, pouvait et devait lui servir de complice.

La première chose à entreprendre, — un écolier en matière galante l'aurait compris sans peine, —

était d'opérer entre Suzanne et lui un rapprochement qui n'avait pas encore eu lieu jusque-là.

En conséquence, Armand employa sa journée entière à préparer une sorte d'échelle de bois qui, depuis son jardin, atteignait la crête du mur.

Une fois l'obscurité arrivée, il gagna cette crête et il installa son échelle de corde de façon à ce qu'il lui fût possible de descendre dans le jardin du commandant.

Les chemins lui étaient ainsi ouverts pour l'aller et pour le retour.

A neuf heures moins quelques minutes, Armand franchit la muraille.

Il s'appuya contre un mur et il attendit.

Nous savons le reste.

. . . .
. . . .

— Suzanne, — dit-il d'une voix basse et passionnée, après avoir expliqué sa présence plus ou moins véridique, — votre billet de l'autre jour m'a plongé dans la plus poignante inquiétude... — Au nom du ciel, que se passe-t-il donc?...

— Je vous le disais, Armand, — ma sœur a tout découvert...

— Quoi?

— Notre amour.

— Et notre correspondance? nos rendez-vous?...

— Non, grâce à Dieu, — mais elle connaît votre présence dans la maison qui touche à la nôtre... — elle sait que vous êtes venu pour moi... elle sait que nous nous aimons...

— Qui donc a pu l'instruire d'un secret si bien caché?...

— Les ridicules bavardages, les commérages stupides d'une voisine et d'une domestique sont venus confirmer des soupçons qu'elle avait déjà...

— Qu'a-t-elle fait, alors?

— Elle m'a menacée de tout dire à mon père, si je ne cessais pas entièrement de m'occuper de vous...

— Et vous avez promis, Suzanne?

— Il le fallait bien... j'ai juré...

— Et, sans doute, — reprit le jeune homme, avec une feinte amertume, — et, sans doute, vous tiendrez religieusement cette promesse faite à votre sœur?...

— Vous voyez bien que non, Armand, — répondit douloureusement Suzanne, — et ce que vous me dites est cruel...

— Vous avez raison... cent fois raison! — s'écria le jeune homme, — mon doute est blessant!... ma question est injurieuse!... je m'en repens... je vous en demande pardon...

Il prit Suzanne dans ses bras et il l'appuya contre son cœur, sans que la jeune fille songeât à se soustraire à cette étreinte passionnée.

Puis il poursuivit :

— Il faut me pardonner, Suzanne... car l'inquiétude me dévore... j'ai peur de tout... je tremble qu'on ne parvienne à vous éloigner de moi... et je souffre tant, que je me demande si je ne vais pas devenir fou...

— Que craignez-vous, puisque je vous aime, Armand ?...

— Je redoute ce qui vous entoure... je redoute surtout votre sœur...

— Pauvre sœur ! — s'écria Suzanne, — il faut, en ce moment, la plaindre, et non la craindre...

— La plaindre ?... pourquoi ?...

— Parce qu'elle est malade... bien malade...

— Depuis quand donc?

— Depuis ce matin... — elle est en proie aux accès d'une fièvre nerveuse résultant de l'inquiétude qu'elle se donne à mon sujet... et, vous le voyez, moi, mauvaise sœur que je suis, je la quitte... je la laisse seule sur son lit de douleur, pour venir à ce rendez-vous et pour vous dire que je vous aime...

— Armand, qu'avez-vous donc à craindre ?...

Sans doute le jeune homme allait répondre.

Mais il n'en eut pas le temps.

Suzanne poussa un cri terrible, et, frémissante, se renversa dans ses bras.

C'est qu'une main sèche et tremblante venait de s'appuyer sur la sienne, et qu'une voix, — la voix de Berthe, mais saccadée et presque méconnaissable, — murmurait à son oreille :

— Oui, mauvaise sœur... mauvaise sœur... ce n'est pas là ce que vous m'aviez promis... vous êtes sans pitié pour moi... vous me tuez...

Suzanne, revenue à elle-même en entendant ces dernières paroles, se dégagea des bras de son amant, et essaya d'enlacer Berthe dans les siens.

Elle s'aperçut alors que Berthe n'avait pour tout vêtement que sa chemise et un jupon, et que, tremblante de faiblesse et de fièvre, elle chancelait comme si elle allait tomber.

Elle voulut la soutenir, — mais Berthe la repoussa.

— Ma sœur, — balbutia Suzanne, — pourquoi donc avez-vous quitté votre lit... votre chambre?... — c'est plus que de la folie... il y a de quoi mourir!...

— Pourquoi?... — Vous me demandez pourquoi?... — Parce que, tant qu'il y aura en moi un souffle de vie, je l'emploierai à me placer entre vous et le déshonneur... Il est déjà bien tard peut-être...

— Mais enfin je remplirai ma triste tâche jusqu'au bout.... Je ne puis aller plus avant, car, grâce à vous, je sens que je meurs, mais notre père me remplacera...

— Mon père; — s'écria Suzanne, — quoi, vous lui direz?...

— Tout.

— Et, quand?

— A l'instant même... — et ce ne sont plus des doutes qu'il me faut lui confesser maintenant... C'est une triste et irrécusable réalité...

Et Berthe, repoussant de nouveau la main que Suzanne avait replacée sur son épaule, fit un pas du côté de la maison.

Suzanne se laissa tomber à genoux.

— Oh! ma sœur! — murmura-t-elle d'une voix suppliante, — ma sœur, me voici agenouillée devant vous... ayez pitié de moi...

— Ce serait n'en point avoir pitié que de vous laisser perdre!... — répliqua Berthe, — cessez donc de prier, Suzanne, car mon devoir est inflexible, et je veux l'acomplir...

XXIII

UN DÉVOUEMENT INUTILE.

Tout en parlant ainsi, Berthe fit un pas en avant, et, chancelant et trébuchant, elle se dirigea du côté de la maison.

Suzanne, agenouillée jusqu'alors, se releva vivement et voulut bondir jusqu'à sa sœur pour l'enlacer de ses bras et la supplier encore.

Mais en ce moment Armand intervint.

Il arrêta Suzanne dans son élan et, avec une douce violence, il la maintint auprès de lui.

— Suzanne... chère Suzanne... — murmura-t-il à son oreille, — tout ce que vous feriez, tout ce que vous diriez serait inutile... Vous voyez bien que cette femme que vous appelez votre sœur, vous déteste et n'a pas d'âme...

— Armand... — balbutia Suzanne, — vous me perdez!...

— Non!... je vous sauve!...

— Mais, dans quelques minutes, mon père saura tout...

— Qu'importe ?...

— Il ne me pardonnera jamais !... — Plus sa tendresse pour moi est grande... plus il est bon et doux, et presque faible... plus sa colère sera terrible...

— Encore une fois, qu'importe ?... — Nous n'avons pas besoin de lui pour être heureux !... — d'ailleurs je l'apaiserai... il pardonnera, je vous le jure...

— Mais songez donc qu'en ce moment ma sœur lui dit tout... il va me trouver ici... il va venir irrité... menaçant... plein de fureur et plein de mépris...

— Quand il viendra, vous n'y serez plus...

— Où serai-je donc ?

— En sûreté... — sous la protection de celui qui vous aime... de votre amant... de votre mari...

— Armand, que voulez-vous dire ? — demanda Suzanne éperdue.

— Je veux dire que nous allons partir ensemble...

— Fuir... — partir la nuit... — quitter ainsi mon père et sa maison... oh ! jamais !...

— Il le faut cependant, Suzanne, si vous m'aimez...

— Mais quand je le voudrais, comment faire ?...

— Rien de plus facile : de chacun des côtés de ce mur il y a une échelle... dans une seconde vous serez chez moi...

— Chez vous... on viendrait m'y chercher...

— Où je vous mènerai on ne viendra pas...

— Armand, n'est-il donc pas un autre moyen de me sauver de mon père ?...

— Dans ce moment il n'en est pas d'autre... — Le temps passe... — Chaque minute perdue est un siècle !... — Venez...

Suzanne résista encore, — pendant une seconde ou deux, — mais pour la forme seulement.

Cette situation, dans laquelle elle se trouvait et qui lui rappelait si clairement quelques-unes des péripéties des romans qu'elle avait lus, l'effrayait bien un peu, mais, au fond, ne lui déplaisait point.

D'ailleurs, — disons-le, — elle avait la conviction que, dès le lendemain, le baron Armand d'Angirey, le riche gentilhomme, viendrait demander sa main au pauvre commandant Simon.

Quelle revanche éclatante et glorieuse ne prendrait-elle point par cette démarche dans l'esprit de son père ? — Quelle joie vive et profonde remplacerait le chagrin que sa fuite allait causer ?

Suzanne céda.

Armand, triomphant, — car désormais il était sûr d'une complète victoire, — passa son bras droit autour de la taille frémissante de la jeune fille et gravit avec elle les échelons tremblants de l'échelle de soie.

Une fois parvenu à la crête du mur, comme il était plus difficile de redescendre que de monter, il prit Suzanne dans ses bras et, parvenu, non sans peine, à trois ou quatre pieds du sol, il s'élança, toujours chargé de son léger fardeau, sur la terre fraîchement remuée.

A partir de ce moment, Suzanne était perdue.

L'agneau venait de se jeter dans la gueule du loup.

Mais, franchement, quand une imprudente brebis redoute aussi peu d'être croquée, son mauvais sort ne parvient point à nous inspirer une compassion bien vive.

§

Que s'était-il passé ?

Comment Berthe, que nous venions de laisser endormie dans sa chambre à peine éclairée, avait-elle pu se trouver au jardin presqu'en même temps que Suzanne, et hâter par sa présence une inévitable catastrophe ?

Rien n'est plus simple et plus facile à expliquer.

A peine Suzanne venait-elle de quitter la chambre de sa sœur, — et tout au plus était-elle au bas de l'escalier, — lorsque Berthe se réveilla.

Elle se souleva sur son coude, — elle regarda autour d'elle à travers l'obscurité mal dissipée par les douteuses lueurs de la veilleuse, et elle s'étonna d'être ainsi laissée seule.

Elle appela son père.

Le commandant fumait dans sa chambre, nous le savons, — et ne pouvait répondre.

Elle appela Suzanne.

Suzanne venait de franchir la porte du jardin et n'entendit pas.

Alors un soupçon, rapide comme un éclair, monta au cerveau de Berthe.

Elle se dit que, peut-être, Suzanne l'avait trompée, et qu'elle profitait de son sommeil pour se rapprocher de cet amant mystérieux qu'elle avait juré d'oublier.

Dans l'état d'exaltation nerveuse où se trouvait Berthe, cette idée, vague d'abord, prit à l'instant même une fixité dévorante.

Elle oublia tout, — sa maladie et sa faiblesse.

Elle sauta en bas de son lit et courut, ou plutôt

se traîna jusqu'à la fenêtre, afin de regarder dans le jardin.

Mais l'obscurité de la nuit était trop profonde, — elle ne put rien voir.

Toujours sous l'obsession de cette même idée, que sa tendresse inquiète rendait dévorante, elle passa à la hâte un jupon, — elle mit des pantoufles à ses pieds nus, et elle descendit à son tour l'escalier, en se soutenant à la rampe.

En passant devant le salon elle en ouvrit la porte.

Le salon était obscur et désert.

Donc, le doute n'était plus possible, — Suzanne était au jardin.

Berthe, — sans songer qu'elle avait les épaules nues, — que, toute tremblante de fièvre, elle affrontait, à peine vêtue, l'air rafraîchi du soir, — s'engagea dans l'allée qui conduisait à la charmille.

Elle marchait bien lentement, car, à chaque instant, ses jambes se dérobaient sous elle.

A mesure qu'elle avançait, elle entendait un murmure de voix étouffées, auquel, bientôt, se mêla le bruit d'un baiser.

Enfin elle arriva tout auprès de Suzanne et d'Armand, et elle entendit...

. . . .
. . . .

Après la scène que nous avons racontée plus haut, Berthe, désespérée, mais voulant sauver sa sœur au prix de sa propre vie, se remit en marche, nous l'avons dit, du côté de la maison.

Ses pas étaient plus lents encore et moins assurés qu'un instant auparavant.

Ses forces défaillantes la trahissaient de plus en plus et, dix fois, elle crut qu'elle allait tomber, inanimée, sur la terre humide.

Cependant son courage et sa résolution la soutinrent.

Elle atteignit le couloir, dans lequel elle s'engagea, plus chancelante qu'une femme ivre.

Son pauvre corps, vaincu par une prostration toute puissante, se heurtait aux parois du couloir.

Le commandant était à l'étage supérieur. — Il fallait monter jusque-là.

La main de Berthe trouva la rampe de l'escalier. — Son pied se souleva pour franchir la première marche.

Inutile effort.

La pauvre enfant était vaincue.

Il lui sembla que sa main devenait molle, ou que la rampe fuyait sous ses doigts comme une eau insaisissable.

Elle s'affaissa sur elle-même, ainsi qu'une fleur

fauchée, et roula sur les carreaux du vestibule, en poussant un cri, — un seul...

Mais ce cri retentit jusqu'à la chambre du commandant et le frappa au cœur.

Il s'élança, son bougeoir à la main, et il descendit l'escalier avec autant de rapidité qu'aurait pu le faire un jeune homme.

Nous savons déjà qu'il trouva Berthe étendue sur le sol et presqu'inanimée.

Cependant, en voyant son père, elle se ranima.

— Ma sœur, — murmura-t-elle, — en étendant la main du côté du jardin, — geste que le commandant ne comprit point, — ma sœur... sauvez ma sœur... sans vous elle est perdue!...

Puis ses yeux se refermèrent et elle s'évanouit complètement.

Le commandant, désespéré et ne pouvant expliquer que par un nouvel excès de délire l'incompréhensible sortie de Berthe et l'état dans lequel il la trouvait, la prit dans ses bras et la reporta dans sa chambre où il la plaça sur son lit.

Puis, comme l'évanouissement ne cessait pas, il se mit à appeler à grands cris Suzanne et Mariolle.

Mariolle seule accourut.

Où pouvait être Suzanne? — Dans sa préoccupation et dans sa douleur, M. Simon ne se le demanda même pas.

Mariolle courut chercher le médecin.

Ce dernier se fit raconter ce qui venait de se passer, et hocha la tête, en disant, — ce qui était vrai, — qu'il n'y comprenait rien.

Cependant il combattit l'évanouissement par des sels.

Quand Berthe rouvrit les yeux, la fièvre nerveuse avait repris avec une nouvelle intensité, et le délire s'était emparé de nouveau de la malheureuse enfant.

Le médecin fit de nouvelles prescriptions et se retira.

Le commandant resta seul auprès du lit de Berthe et, pour la première fois alors, il se demanda :

— Où est Suzanne ?

Nous savons déjà que Suzanne ne devait pas rentrer.

XXIV

LE PARI PERDU.

Nous voici presque arrivé au terme de notre tâche.

Encore quelques pages, et nous écrirons L'ÉPILOGUE de cette longue série, — (trop longue, peut-être !...) — qui commence par les *Viveurs de Paris*, — continue par les *Valets de Cœur*, — et s'achève par *Sœur Suzanne*.

Il est donc indispensable de nous hâter, — de supprimer les détails dont peut se passer le récit, — et de nous renfermer dans une analyse sèche et sommaire des événements.

D'ailleurs, la plupart des choses que nous avons encore à dire sont prévues. — Notre brièveté rendra donc un double service, à nous-même et à nos lecteurs.

§

Armand d'Angirey ne s'amusa point, comme bien on pense, à attendre dans la maison louée par lui le résultat des recherches que, selon ses prévisions, le commandant Simon allait provoquer.

Il noua un foulard sur la tête nue de la jeune fille, — il mit lui-même une casquette au lieu d'un chapeau, afin d'être moins remarqué dans les rues de Belleville, et, entraînant avec lui la tremblante Suzanne, — qui commençait à s'épouvanter un peu de ce qu'elle avait fait, mais qui sentait bien qu'il était trop tard pour retourner en arrière, — il sortit de la maison.

Par un hasard fort extraordinaire, — explicable cependant, peut-être, à cause de l'heure avancée, — la veuve Mathurel n'était point sur le seuil de sa porte.

Personne ne vit donc s'éloigner le couple fugitif.

Armand hâta le pas, soutenant de son mieux sa compagne qui se cramponnait à son bras pour ne pas tomber, écrasée qu'elle était par l'émotion.

Tous deux marchaient en rasant les murailles, du côté de la rue où la lumière du gaz se projetait moins vivement.

A chaque personne qu'ils rencontraient, Suzanne

tressaillait dans tout son corps, comme si, — chose impossible, — elle allait se trouver face à face avec le commandant Simon.

La pauvre jeune fille ne songeait même pas à demander à Armand où il la conduisait.

Sa tête n'était plus à elle.

Elle se sentait étourdie, enivrée, presque folle. — Il lui semblait marcher dans un rêve, — il lui semblait qu'elle allait se réveiller.

Un fiacre, regagnant à vide la barrière, dépassa les deux jeunes gens.

Armand arrêta ce fiacre, y monta avec Suzanne et se fit conduire au boulevard du Temple.

Là, il descendit ainsi que sa compagne, et, vingt pas plus loin, afin de rendre toute investigation impossible, il prit une autre voiture, qui l'arrêta successivement devant la boutique d'un chapelier et devant le magasin d'une modiste.

Armand acheta un chapeau pour lui et un pour Suzanne.

Il ne voulait pas rentrer dans sa maison en casquette, accompagné d'une femme la tête nue.

Enfin la voiture arriva rue Caumartin.

Armand occupait le second étage d'un fort bel hôtel.

L'escalier était large et somptueusement éclairé.

Dès le vestibule commencèrent l'étonnement et

l'admiration de Suzanne qui n'était jamais entrée dans une demeure aristocratique.

Nous ne décrirons point l'appartement de M. d'Angirey.

Disons seulement qu'il était tel qu'on doit le supposer pour un viveur, riche, et doué au plus haut point du goût de tous les luxes et des plus exquis raffinements du confortable.

Suzanne n'en pouvait croire ses yeux.

Son imagination, — si active cependant, — ne rêvait rien de pareil.

Les plus merveilleuses descriptions de ses romanciers favoris étaient laissées de beaucoup en arrière par cette éclatante réalité.

Armand s'aperçut de cette admiration si expressive et si peu cachée.

— Chère Suzanne, — dit-il, — vous êtes chez vous, et tout ce qui est ici est à vous...

§

De quelle façon, après quelles résistances et au bout de combien de jours, Suzanne devint-elle la maîtresse d'Armand ? — ceci importe peu.

Il nous suffira de dire qu'avant l'expiration du temps fixé pour le gain ou la perte du pari, le baron d'Angirey faisait souper la pécheresse débutante avec MM. Albert de Breurey, — Clodius Renard, — Henry de Saveuse et Paul de Chamillac.

Albert, — le jeune viveur blond et rose, — paya de fort bonne grâce les cinq cents louis qu'il avait perdus, et, tout en les payant, il jura à M. d'Angirey qu'il en donnerait volontiers le double pour succéder à son bonheur.

— Qui sait? — lui répondit Armand avec un sourire, — peut-être ce que tu souhaites t'arrivera-t-il un jour, et sans te coûter mille louis...

Du reste, l'enjeu du pari ne reçut pas la destination que M. d'Angirey lui avait assignée d'abord.

Au lieu d'employer ces cinq cents louis à une acquisition de chevaux pur sang, Armand s'en servit pour faire avec Suzanne un voyage de trois mois en Italie.

Avant son départ, la jeune femme pria son amant de lui avoir des nouvelles de son père et de sa sœur.

Elle savait bien qu'elle ne les reverrait jamais; — mais au fond de son cœur, elle sentait qu'elle les aimerait toujours.

Au bout de deux jours, Armand répondit à Suzanne que le commandant se portait bien et que Berthe était guérie.

Tous les deux, — ajoutait-il, — avaient quitté Belleville pour aller à la campagne, quelques jours après la disparition de Suzanne.

Cette dernière partit tranquille pour l'Italie.

Or Armand avait menti.

Après une semaine de maladie, Berthe était morte en appelant toujours sa sœur dans les rêves de son délire.

Le commandant, devenu presque fou de douleur et voulant fuir à tout jamais des lieux qui ne lui rappelaient plus que d'amers souvenirs, avait vendu à vil prix sa maison de la rue de Paris où il avait été si heureux jadis.

On ne savait pas ce qu'il était devenu.

§

A son retour d'Italie, Armand aimait toujours Suzanne.

Il lui organisa un appartement presque somptueux, pour lequel il dépensa plus d'une année de ses revenus.

Puis, un beau matin, cet amour si flamboyant s'éteignit comme un feu de paille.

Armand, de l'air le plus calme du monde, vint annoncer à Suzanne qu'elle était libre, et qu'il ne prétendait conserver aucun droit sur elle.

Suzanne l'écouta sans cesser de sourire.

Pendant les quelques mois qu'avait duré leur liaison, Armand avait complètement dépravé le cœur et l'esprit de sa maîtresse.

Il l'avait prise, jeune fille, — sinon ignorante, du moins vierge, — vierge de corps et de cœur.

Il la laissait courtisane, sinon de fait, du moins de pensée et d'intention.

Suzanne acceptait franchement sa position de femme entretenue, et se promettait d'en tirer le meilleur parti possible.

Albert de Breurey succéda immédiatement à Armand.

Puis, après lui vint un autre, — puis dix autres, — bientôt on ne les compta plus.

Suzanne s'habitua à dépenser sans compter, et à jeter par les fenêtres de tous ses caprices un or qui lui coûtait si peu.

Le luxe le plus effréné, — disons mieux : le plus insensé, — devint un besoin pour elle, comme l'air, comme le plaisir.

Elle occupa l'une des premières places dans la haute bohême galante.

On cita les fortunes fondues au creuset de ses fantaisies.

Elle passa pour l'une des plus coûteuses, parmi

ces pécheresses parisiennes, qui volontiers cependant, comme Cléopâtre, boiraient des perles fondues.

Tout cela se passa dans un laps de quelques mois à peine.

Un matin il se trouva, comme par enchantement, que les riches de la veille étaient les pauvres du lendemain.

La révolution de Février venait d'éclater.

Suzanne, — qui dépensait au jour le jour, — se trouva au dépourvu, comme la plupart de ses collègues.

Elle avait cinquante louis dans son porte-monnaie, et cinquante mille francs de dettes, à droite et à gauche, chez des fournisseurs de toute nature qui, sans aucun doute, allaient devenir féroces.

Elle prit son parti en brave.

Elle vendit, pour le quart de sa valeur, son magnifique mobilier, que de nouvelles offrandes avaient rendu splendide.

Elle ne paya personne et elle partit pour la Russie, — afin de tâcher de s'y refaire une fortune.

La fortune se montra rebelle.

Suzanne s'ennuya beaucoup, — elle trouva les boyards insupportables, et, au bout d'à peu près un an, elle revint à Paris, beaucoup moins riche encore qu'en partant.

Mais, qu'importait ? — Paris, c'était son élément, sa vie, — son théâtre, — là seulement elle pouvait vivre et briller.

C'est à cette époque que Suzanne se lia, — nous ne dirons pas de l'amitié la plus tendre (ce serait mentir), mais de la plus étroite intimité, — avec la célèbre pécheresse Camélia.

L'existence de Suzanne fut toute de contrastes.

Elle eut des moments de splendeur nouvelle, — et des jours d'atroce misère.

Chose étrange !... — Malgré l'éclatante beauté de la jeune femme, la misère domina.

Un jour, se trouvant sans ressources, elle s'adressa à Camélia.

Camélia consentit à lui venir en aide, — mais elle y mit une condition.

C'était de se faire sa complice et de l'aider à mettre en pratique une ingénieuse combinaison, qu'elle venait d'inventer, et qui permettait de voler au lansquenet sans le moindre péril et sans la plus petite chance contraire.

Suzanne hésita quelque peu.

Puis elle accepta.

Et, une fois qu'elle eut accepté, elle s'acquitta consciencieusement de sa tâche.

Nos lecteurs le savent aussi bien que nous, — eux qui l'ont vue à l'œuvre jadis, dans le boudoir des tapisseries, à la soirée de Camélia.

FIN DE LA DEUXIÈME PARTIE.

ÉPILOGUE.

L'HOTEL-DIEU.

I

COUP D'ŒIL EN ARRIÈRE.

Voici en quels termes finissait le dernier chapitre de la deuxième partie des *Valets de Cœur* :

« Jules de Larnac passa la main. — A la profonde stupéfaction des assistants, la banque gagna encore dix fois de suite.

« Personne ne conçut l'ombre d'un soupçon.

« Jules fit un petit paquet de six billets de mille francs et se tourna vers Suzanne pour les lui don_ ner, se montrant, ainsi qu'on le voit, *généreux comme un voleur.*

« Mais Suzanne n'était plus là.

« Deux ou trois minutes avant ce moment, un des domestiques de Camélia avait remis à la jeune femme un billet mal plié et écrit sur papier commun.

« Suzanne, aussitôt après l'avoir lu, s'était élancée au dehors, cachant dans son mouchoir brodé son beau visage baigné de larmes. »

§

Dans la troisième partie du même livre, il s'agissait, — peut-être nos lecteurs ne l'ont-ils point complètement oublié,—d'un jeune artiste, Léonard Chantal, devenu follement amoureux du portrait au pastel que le brocanteur juif Manuel lui avait vendu.

Nous avons dit que les ravages causés dans la tête et dans le cœur de Léonard par son étrange amour, étaient incalculables.

Le malheureux jeune homme se trouvait sur les confins des dernières limites posées par la divine sagesse entre la passion et la folie.

Sa vie désormais n'avait qu'un but unique : — trouver son inconnue.

La destinée de Léonard était d'avance écrite — s'il ne la trouvait pas dans un temps donné, — et ce temps serait court, — il deviendrait fou.

Or, l'artiste ne se décourageait point dans ses recherches, — mais comme elles n'amenaient aucun résultat, si minime fût-il, — la folie, sans doute, était proche.

Léonard, un matin, tristement étendu sur son lit, rêvait tout habillé.

Il entendit, tout à coup, un grand bruit dans son atelier.

Ce bruit provenait de la chute d'un corps assez lourd et était accompagné d'un cliquetis cristallin que produit un verre qui se brise en mille morceaux.

L'artiste crut d'abord qu'on venait de jeter un caillou à travers les vitres.

Mais il réfléchit bien vite que la situation plus qu'élevée de son atelier rendait la chose impossible — et il alla voir.

Qu'on juge de ce qu'il éprouva, en apercevant le plancher couvert des débris du cadre et du verre de son pastel.

Le clou, enfoncé dans le plâtre de la cloison, avait cédé peu à peu et avait fini par se détacher tout à fait.

Léonard devint pâle.

Le cœur lui manqua.

Il se sentit défaillir.

— Je vais mourir... — pensa-t-il, — oui, mourir... si ce visage qui est ma vie n'existe plus...

Il s'agenouilla auprès des débris.

Avec un cœur tremblant et des mains hésitantes, il releva le cadre disloqué.

Oh ! bonheur !...

L'image radieuse était intacte !...

Elle souriait toujours — de son adorable sourire un peu mélancolique.

Léonard resta à genoux et remercia Dieu.

. . . .
. . . .

Cependant il fallait remplacer le cadre brisé.

Pour rien au monde l'artiste n'aurait consenti à ce que le pastel sortît de son atelier.

Il alla donc chercher un doreur.

Il lui fit prendre toutes les mesures et lui dit d'apporter, en même temps que le cadre, les objets nécessaires pour remettre des *gardes* neuves au pastel, — l'ovale de papier blanc, au milieu duquel étincelait la tête, ayant été sali dans la chute.

Au jour dit, — à l'heure convenue, — l'encadreur arriva et se mit à l'œuvre.

Léonard, penché sur lui et redoutant toujours un accident imaginaire, suivait de l'œil avec anxiété ses moindres mouvements.

Au moment où il venait d'enlever les gardes fanées, Léonard poussa un cri de surprise et de joie.

L'encadreur stupéfait se retourna et le regarda, ne comprenant rien à cette exclamation dont il ne pouvait deviner le motif.

Nos lecteurs, eux, seront moins surpris, quand ils sauront que sur cette partie du pastel que cachait le papier blanc, Léonard venait de découvrir un nom et une date.

Le nom était celui-ci :

JACQUES HERMANN.

La date était celle-là :

1852

Donc le portrait avait été peint par Jacques Hermann, jeune artiste allemand que Léonard connaissait parfaitement.

Donc, pour avoir la solution du problème qui dévorait sa vie, il s'agissait tout bonnement d'interroger cet artiste.

Les choses se simplifiaient, comme on voit.

Léonard paya et congédia l'encadreur, sans même lui donner le temps d'achever son travail, et bondit chez Hermann.

— Venez... — lui dit Léonard sans reprendre haleine, — venez... mon ami... venez...

— Où?

— Chez moi.

— Quand?

— A l'instant.

— Pour quoi faire?

— Vous le verrez.

— Mais...

— Oh! ne tardez pas, au nom du ciel, et ne m'interrogez point ici... — C'est un immense service que vous allez me rendre...

— Allons... — dit Hermann.

Et il secoua la tête, tout en murmurant à part lui: — Ce pauvre Léonard est fou!...

Arrivés à l'atelier de la rue de l'Ouest, le maître du logis prit Hermann par la main et le conduisit jusqu'auprès du pastel.

— C'est bien vous qui avez peint cela? — lui demanda-t-il d'une voix tremblante d'émotion.

— Oui, — répondit l'Allemand en mettant le doigt sur la signature.

— C'est bien un portrait, n'est-ce pas? — poursuivit Léonard.

— Oui.

— Il est ressemblant ?

— Si ressemblant que toute vanité d'auteur à part, on croirait qu'il va parler...

— Bien vrai ?

— Oui, bien vrai.

— Et celle que vous avez peinte vit encore ?

— Quelle singulière question !...

— Répondez !... — Vit-elle ?

— Je n'en sais rien, mais cela est plus que probable...

Il sembla à Léonard que son cœur et sa tête allaient éclater tant la joie y débordait.

— Son nom ? — murmura-t-il.

— Suzanne.

— Suzanne... — répéta Léonard ; — mais son autre nom, son nom de famille..., elle doit en avoir un...

— Sans doute...

— Eh bien ?

— Mais, je l'ignore.

— Vous l'ignorez ?

— Oui.

— Comment cela se fait-il, puisque vous la connaissez?

— Oh! je la connais, comme tout le monde... — et pour tout le monde, cette fille ne porte que le nom de Suzanne...

Léonard devint livide.

— *Cette fille...* — balbutia-t-il d'une voix rauque, — vous avez dit *cette fille*, je crois?

— Oui.

— Qu'est-ce donc que Suzanne?

— Une pécheresse... une lorette... une fille de marbre... — il est étrange que vous n'ayez jamais entendu parler d'elle... — Elle a été mise à la mode par le baron Armand d'Angirey, un de ses premiers amants... — Charmante tête, mais pas de cœur...

Léonard tomba sur son siége comme foudroyé.

— Ah! mes rêves! — murmura-t-il, — mes rêves...

Hermann ne remarqua point l'état de prostration absolue dans lequel se trouvait Léonard.

Il poursuivit.

— Si vous êtes curieux de comparer l'original au portrait, — dit-il, — rien n'est plus facile. — Suzanne demeure rue de La Bruyère, n° ***. — Nous sommes bien ensemble, quoique je ne l'aie pas vue depuis quelques mois ; — allez-y de ma part, ou, si vous le voulez, je vous y mènerai...

Léonard ne répondit pas.

— Allons, — pensa l'Allemand, — il est encore plus fou que je ne le croyais !...

Et il s'en alla.

Léonard, — resté seul, entra contre lui-même dans une épouvantable colère.

Il eut des accès de vertueuse indignation.

Il se jura d'étouffer ce honteux amour, qui risquait de faire de lui le Valet de Cœur d'une femme perdue !...

Il maudit la pureté séraphique de ce visage si trompeur et de ce front immaculé.

Il songea sérieusement à jeter au feu le pastel, cause de tout ce mal !

Et enfin...

Enfin, il sortit de chez lui, et, sans peut-être savoir où il allait, — il gagna la rue de La Bruyère, — il chercha le numéro indiqué, — il entra dans la maison et questionna le concierge.

La réponse fut désolante.

Le 19 du mois précédent, mademoiselle Suzanne avait envoyé tous ses meubles à l'hôtel des ventes mobilières, rue Drouot, pour y être vendus par le ministère d'un commissaire-priseur...

Et, non-seulement ses meubles, — mais encore ses bijoux et jusqu'à son linge.

Ensuite, elle avait disparu.

Depuis ce jour, elle n'avait point reparu à son ancien appartement et l'on ignorait complètement ce qu'elle avait pu devenir.

. . . .
. . . .

Léonard rentra chez lui la mort dans le cœur.

II

LÉONARD ET SUZANNE.

Il est des êtres, — hélas ! trop nombreux ! — envers qui l'aveugle hasard se montre cruel et ne se dément jamais !...

Léonard était de ceux-là.

Ce n'était point assez sans doute de cette triste vie de lutte et de souffrance, — de cette vie de l'artiste méconnu et exploité, — obligé, pour subvenir aux âpres nécessités de l'existence, de mentir à sa vocation, — de faire du métier et non de l'art, — tout en disant, comme Chénier montant à l'échafaud et se touchant le front dans un geste sublime :

— Cependant, il y avait là quelque chose !...

Ce n'était point assez de courber le front sous les fourches caudines d'un juif éhonté, tel que le brocanteur Manuel, — il fallait qu'à toutes ces misères vînt s'en ajouter une autre, — la plus terrible, — l'amour !

Et quel amour !... — un amour tellement insensé, que, nous le craignons, les pages de notre récit ne sont point venues à bout de le rendre vraisemblable.

Depuis que ce fatal amour s'était emparé de son cœur, de son âme, de tout son être, Léonard n'avait vécu que dans une espérance : — retrouver la jeune fille ou la jeune femme qui avait posé pour le portrait, et se faire aimer de cette femme.

Coup sur coup, et dans le même jour, Léonard venait de voir briser sa dernière illusion et son dernier espoir.

D'abord, il avait appris que celle qu'il aimait n'était point digne de son amour.

Et enfin, cette Suzanne, cette pécheresse, — elle avait disparu et pour toujours sans doute...

Cette fois, c'en était trop !

Nous avons dit que Léonard était rentré chez lui la mort dans le cœur.

Nous aurions dû dire, plutôt, qu'il était désormais un corps sans âme, — sans volonté, — sans énergie, — sans pensée.

Léonard n'était point fou, cependant, — dans le sens qu'on attache le plus habituellement à ce mot, — son état se rapprochait davantage de l'idiotisme que de la folie.

Assis sur le bord de son lit, — la tête penchée, — les mains pendantes, — les lèvres entr'ouvertes et les yeux sans regard, — souffrait-il ?

Nous n'oserions répondre : *oui*, — car on ne voyait point sur son front ce pli profond qu'y creuse si vite l'ongle acéré de la douleur, et de ses paupières pâlies, aucune larme ne coulait.

L'organisation tout entière du jeune homme s'était assoupie en une sorte de sommeil moral. — Son corps restait intact, mais sa pensée et son intelligence avaient reçu le coup de foudre d'une véritable paralysie.

Pendant vingt-quatre heures, Léonard resta dans

la même position, sans que sa paupière eût remué, sans qu'un de ses muscles eût tressailli.

Au bout de ce temps, un besoin tout matériel, — la faim, — se fit sentir à lui.

Il avait quelqu'argent encore du gain de ses derniers travaux, — il sortit, il mangea, — puis il vint reprendre chez lui son immobilité de pensée et de corps.

Au bout de quelques jours, Léonard s'aperçut qu'il ne lui restait plus un sou vaillant.

Il prit le premier venu des objets qui garnissaient son atelier et il alla le vendre, acceptant sans discussion le prix qu'il convint à la personne à qui il s'adressa de lui en donner.

Pendant à peu près un mois, il agit chaque matin de la même manière.

Au bout de ce temps, il ne restait plus dans l'humble logis de l'artiste que deux choses : — son lit et le portrait de Suzanne.

Il ne pouvait emporter le lit.

Et, quant au portrait, il serait mort vingt fois à côté, sans avoir seulement la pensée de s'en défaire.

Le culte de cette tête muette et inanimée, — un culte pareil à celui des Indiens pour leurs fétiches,

— voilà tout ce qui surnageait dans le grand naufrage de l'intelligence du jeune homme.

Léonard ferma en dedans la porte de son atelier.

Il plaça le pastel, — étincelant dans son cadre neuf, — tout près des maigres matelas qui formaient sa couche.

Il s'assit, — dans sa pose habituelle, — sur ces matelas, et il attendit.

. . . .
. . . .

Trois jours se passèrent.

Le concierge de la maison de la rue de l'Ouest, — bien certain que son locataire était rentré, — s'étonna de ne pas le voir ressortir.

Il monta et frappa à la porte de l'atelier.

Cette porte ne s'ouvrit point.

Seulement il était facile de s'assurer, en regardant par le trou de la serrure, que la clé se trouvait en dedans.

Donc le concierge ne se trompait pas, — Léonard était bien chez lui.

De nouveaux coups, frappés à la porte, n'obtinrent pas plus de réponse que la première fois.

Le concierge, — très-effrayé de ce silence et croyant à quelque suicide, — courut chez le commissaire de police dont les bureaux sont tout près de la rue de l'Ouest.

Le magistrat, revêtu de son écharpe et assisté de son secrétaire et d'un serrurier, se rendit à la prière du concierge.

Au milieu de la foule des locataires ameutés par la curiosité, — la porte du logement de Léonard fut ouverte.

Dans la petite pièce, attenant à l'atelier entièrement nu et désert, on trouva le jeune homme sur son lit.

Seulement il n'était plus assis, — il était étendu.

Sa pâleur livide fit croire, dans le premier moment, que son corps n'était plus qu'un cadavre.

Mais ses yeux ouverts, — sa respiration distincte encore, quoique bien faible, — et, enfin, un reste de chaleur,—prouvèrent que la vie n'avait point encore abandonné ce corps.

Le commissaire de police interrogea Léonard avec l'intérêt que cette situation étrange ne pouvait pas manquer d'exciter.

Il n'obtint aucune réponse.

Le jeune homme semblait ne point entendre.

Un médecin qui demeurait dans la maison voisine fut appelé.

Il vint, — il examina,— il hocha la tête, — et, en

somme, il ne comprit rien à la maladie dont il avait sous les yeux les bizarres symptômes.

L'idée que Léonard mourait de faim ne se présenta même pas à son esprit.

Beaucoup de gens, d'ailleurs, n'admettent pas qu'il soit possible, à Paris, de mourir de faim.

Et puis, — ce qui achevait de rendre une semblable supposition invraisemblable, — c'est la présence de ce pastel, fraîchement encadré, et que l'artiste aurait toujours bien vendu trente francs.

Or, avec trente francs, on vit trente jours.

Le commissaire de police donna l'ordre de porter Léonard à l'Hôtel-Dieu, — ce qui fut exécuté sur-le-champ.

§

Quel était donc ce billet, grossièrement écrit sur du papier commun, et remis à Suzanne, dans le boudoir des tapisseries, à la soirée de Camélia?

A coup sûr, ce n'était point une lettre d'amour.

Les amoureuses épîtres affectionnent le papier glacé et les enveloppes parfumées, — surtout dans le monde des pécheresses.

Nous savons d'ailleurs qu'aussitôt après avoir lu ce billet, Suzanne, tout en larmes, avait quitté le bal.

Or, le cœur de la jeune femme était muet depuis assez longtemps et trop solidement cuirassé dans sa dédaigneuse indifférence, pour qu'un chagrin d'amour pût lui coûter des larmes.

Encore une fois qu'était-ce donc ?

Ce billet, nous ne le reproduirons pas. — Le style et l'ortographe en sembleraient grotesques, et nous ne voulons point faire sourire avec une chose bien sérieuse et bien triste.

Il était signé par une pauvre servante, — fille d'un grand cœur et d'un grand dévoûment.

Le nom de la servante.—On le devine,— c'est *Mariolle*.

La Normande écrivait à Suzanne pour lui demander de ne point laisser mourir, sans l'avoir revu, le commandant Simon.

Une attaque d'aploplexie foudroyante avait abattu le vieux soldat !...

« Il n'a plus que quelques heures à vivre, — disait Mariolle en terminant, — venez donc, mademoiselle, et hâtez-vous ! — Ne craignez aucun reproche... — Votre pauvre père ne vous reconnaîtra pas. »

Mariolle donnait ensuite l'adresse de M. Simon, dans le plus pauvre quartier de Montmartre.

Quelques jours auparavant, la Normande, descendue par hasard à Paris, avait rencontré son ancienne maîtresse et l'avait suivie jusqu'à la porte de la maison qu'elle habitait, mais sans oser lui parler.

C'est ainsi qu'elle avait su où lui faire parvenir la lettre.

Cette lettre, annoncée comme très-urgente, avait été apportée à l'instant même chez Camélia par la femme de chambre de Suzanne.

La pécheresse, — sans même prendre le temps de rentrer chez elle, pour échanger sa toilette de bal contre un costume plus simple, — s'enveloppa dans sa pelisse et s'élançant dans un des nombreux coupés qui stationnaient dans la rue de Provence, les nuits où Camélia recevait, se fit conduire à Montmartre.

Chemin faisant, et tout en essuyant des larmes intarissables, elle se demandait pouquoi, dans sa lettre, Mariolle ne lui parlait point de Berthe?

Qu'était devenue sa sœur aînée?

Était-elle mariée?

Avait-elle, à son tour, fui le toit paternel?

Était-elle vivante enfin?

Suzanne ne savait plus rien de sa famille.

Depuis son retour d'Italie, — comprenant son indignité, elle n'avait pas même osé chercher à avoir des nouvelles de son père et de sa sœur!...

Oh ! qu'elles furent amères les larmes versées par Suzanne dans le trajet de la rue de Provence à Montmartre.

Enfin le coupé s'arrêta.

La demeure où le commandant Simon se mourait n'était plus, comme à Belleville, une maison blanche et coquette, entre sa cour gazonnée et son jardin rempli de fleurs.

C'était un de ces logis de triste apparence, — vaste ruche où bourdonne une population affairée et misérable.

Une allée fétide et gluante conduisait à un escalier étroit, dont chaque marche tremblait sous le pied qui le foulait.

Les plus profondes ténèbres régnaient dans l'allée et dans l'escalier.

Suzanne savait que son père demeurait au cinquième étage, — mais jamais elle n'aurait pu venir à bout de se diriger dans cette maison inconnue, si une faible lueur n'était apparue soudainement, comme un phare tremblottant, dans les hauteurs de l'escalier.

Mariolle avait entendu la voiture s'arrêter, et, devinant que Suzanne arrivait, elle se hâtait de l'éclairer.

Suzanne monta.

Mariolle était debout sur le seuil de la porte ouverte.

Pas un mot ne fut échangé entre les deux femmes, — seulement, par un geste, la servante invita la pécheresse à entrer, puis elle referma la porte derrière elle.

Suzanne, — toujours éclairée par Mariolle, — le front courbé, — le cœur serré, — les yeux en pleurs, pénétra dans la chambre mortuaire.

§

Le spectacle qui s'offrit aux regards de la jeune femme était terrible et solennel.

Cette chambre d'agonie était meublée à peine, — à peine éclairée.

Un lit de bois blanc, sans rideaux, — quelques chaises de paille, — une table commune, en formaient tout le mobilier.

Un portrait de Napoléon, lithographié, dans un cadre de bois noir, était le seul ornement suspendu à la muraille nue.

Tout, dans cette pièce, respirait la pauvreté, — disons mieux, — la misère.

Qu'était donc devenue cette facile aisance qui, jadis, pour le commandant Simon et pour ses filles, équivalait presque à la richesse.

Hélas !... l'aisance s'était envolée en même temps que le bonheur !...

La mort de Berthe, — la honte de Suzanne avaient porté malheur au vieux soldat !...

Deux bougies brûlaient sur la table, non loin du lit.

Le commandant, livide, défiguré par l'apoplexie qui contournait hideusement le bas de son visage, avait déjà sur ses lèvres violettes le râle de la mort.

Il ne voyait plus, — il n'entendait pas.

Un crucifix d'ébène était posé en travers sur sa poitrine cicatrisée par le feu des batailles.

Agenouillé au chevet de cette couche sinistre, — un prêtre murmurait lentement les versets de la prière des agonisants.

Suzanne embrassa tous ces détails d'un seul coup d'œil.

Elle poussa un cri étouffé, et, se jetant sur ce pauvre corps, de qui la vie se retirait, elle couvrit de baisers et de larmes ce front morne, — ces yeux fixes et ces mains raidies.

Puis, suffoquée pas ses sanglots, elle tomba à genoux auprès du prêtre, et elle essaya de se souvenir d'une de ces prières qu'elle savait jadis, au temps de son enfance, et que, depuis, elle avait oubliées.

Peu à peu, comme à travers un voile qu'on déchire, les mots si simples et si touchants de ses jeunes invocations lui apparurent plus nets et plus distincts.

Ses lèvres et son cœur se mirent à l'unisson pour prier, — son âme s'éleva vers ce Dieu qu'on ne comprend jamais mieux qu'auprès d'une couche d'agonie, — elle se sentit un peu calmée, — sa douleur n'était pas moins amère, mais à cette douleur se mêlait un soulagement.

La pelisse de Suzanne avait glissé sur le sol.

Quel tableau étrange et saisissant n'aurait-on pas fait, avec cette jeune femme, dans sa blanche parure de bal, des fleurs dans les cheveux et des fleurs au côté, — agenouillée, les épaules nues, à côté d'un prêtre vêtu de noir, dans cette misérable chambre, devant un lit où mourait un vieillard, et tordant, dans son désespoir, ses belles mains aux doigts constellés de diamants!...

Uue heure se passa ainsi.

Au bout de ce temps Suzanne se leva et s'approcha de Mariolle qui pleurait dans un coin.

— Et Berthe ?... — lui demanda-t-elle d'une voix basse et brisée, — où est Berthe ?... où est ma sœur ?...

Mariolle ne répondit point, et ses larmes redoublèrent.

Suzanne répéta sa question, tremblant déjà de la réponse qu'elle allait entendre.

Il fallait cependant parler.

Mariolle le fit.

Suzanne, — à moitié morte de remords et d'épouvante, — écouta le récit de ce qui s'était passé dans sa famille depuis le jour de sa fuite.

C'était bien simple et bien terrible !...

Berthe morte, — la maison de Belleville vendue, — l'humble fortune du vieux soldat engloutie dans la banqueroute d'un notaire, tous les malheurs et tous les désespoirs fondant à la fois sur lui, — sa pension de retraite engagée à des juifs pour vivre, — Mariolle seule lui restant fidèle, et la mort arrivant enfin... — Voilà ce que raconta Mariolle.

Quand elle eut achevé, Suzanne était plus pâle que si elle eût été enveloppée elle-même dans le linceul préparé pour son père...

— Oh! — murmura-t-elle avec l'horreur d'elle-même et avec une effrayante conviction, — jamais!.. — Non, jamais Dieu ne pourra me pardonner!...

Le prêtre avait entendu ses paroles.

— Dieu pardonne à qui se repent, mon enfant, — dit-il d'une voix profondément émue, — repentez-vous donc, et, si grandes que soient vos fautes, espérez...

— Le puis-je? — balbutia Suzanne, — j'avais une sœur... c'est moi qui l'ai tuée... J'avais un père... il meurt par moi... — Non... Dieu ne peut point me pardonner...

— Dieu a pardonné à ses bourreaux! — reprit le prêtre, — comme il est la suprême justice, il est aussi la bonté suprême; — je vous le dis donc encore une fois, et en son nom... repentez-vous, et espérez...

— Mon père, — s'écria la jeune femme, — entraînée par un irrésistible élan, et se jetant aux genoux du prêtre, — mon père, écoutez ma confession!...

. . . .
. . . .

A quoi bon retracer longuement les douloureux détails d'une longue agonie?

A quoi bon attrister ces pages, — lugubre dénouement d'un livre si frivole ?

Disons seulement que, quelques secondes avant d'expirer, le commandant Simon reprenait assez de connaissance pour appuyer sur sa lèvre défaillante le crucifix d'ébène et pour étendre sa main droite, — comme une bénédiction, — sur la tête courbée de sa fille.

Puis l'âme du vieux soldat s'envola vers le ciel, escortée par les prières du prêtre consolateur, et par celles de la pécheresse repentante et pardonnée.

§

Le jour même qui succéda à cette nuit terrible Suzanne vendit son mobilier, et glissa le produit de cette vente dans le tronc des pauvres de la première église devant laquelle elle passa.

Le lendemain, elle assista à l'enterrement de son père, — et, — en quittant le cimetière, elle alla, — conduite par le prêtre qui avait soutenu le commandant à son heure suprême, — demander à être admise, comme novice, parmi ces filles admirables, parmis ces anges sur la terre, qu'on nomme SŒURS DE CHARITÉ.

§

Lorsque la civière couverte dans laquelle on portait Léonard arriva à l'Hôtel-Dieu, et lorsqu'on en ouvrit les rideaux, le jeune homme était évanoui.

On l'installa dans un bon lit, — et l'un des médecins, de service en ce moment, vint l'examiner.

Plus habile ou plus perspicace que son confrère de la rue de l'Ouest, il comprit à l'instant même quelle était la cause principale et immédiate de l'état dans lequel se trouvait le malheureux artiste.

— C'est la faim qui tue ce garçon !... s'écria-t-il.

Et, se faisant apporter du bouillon, il en introduisit quelques gouttes entre les dents serrées de Léonard.

L'effet attendu se manifesta.

Le jeune homme sortit presque à l'instant de son évanouissement et ouvrit les yeux.

Mais il les referma aussitôt, et, quelqu'effort que le médecin pût faire, il devint impossible de lui introduire une goutte de bouillon dans la bouche, tant il serrait les dents, à se les briser.

— Ma foi, j'y renonce, — dit alors le médecin, — ce gaillard-là y met, vraiment, une trop grande mauvaise volonté, — d'ailleurs on m'attend là-bas pour une opération.

Puis il ajouta, en s'adressant à une jeune religieuse qui passait, et à qui il présenta la tasse de bouillon et la cuiller :

— Venez, ma sœur, prenez ma place... vous êtes plus patiente que moi... peut-être serez-vous plus heureuse...

Puis il s'éloigna.

La religieuse s'approcha du lit :

— Mon frère, — dit-elle à Léonard d'une voix douce, — pourquoi refusez-vous ce qui peut vous sauver?... — Je vous en prie, ouvrez les yeux et buvez ceci...

En entendant cette voix féminine, — harmonieuse comme une céleste musique, — Léonard souleva ses paupières.

Alors, — prodige étrange, — on vit ces yeux, tout à l'heure sans regards, s'agrandir et briller...

Ce corps, faible et moribond, s'agita comme si la vie avait de nouveau circulé à flots, avec le sang, dans ses veines...

Léonard se souleva sur son lit, et sa voix, — presqu'éteinte, — mais cependant distincte, — murmura ce nom :

— SUZANNE !...

La jeune religieuse rougit et recula.

Dans son trouble, elle laissa s'échapper de ses mains le bol de porcelaine, qui se brisa en tombant.

— Mon nom... — balbutia-t-elle, — vous savez mon nom...

— Ah ! — s'écria Léonard avec une incompréhensible énergie, — c'est donc vous... c'est donc bien vous... je vous ai retrouvée, à la fin... mais trop tard... je vous ai retrouvée... et je meurs...

— Vous vivrez, mon frère... vous vivrez... — répondit vivement la jeune femme.

— Non... — dit tristement Léonard, — c'est fini... je le sens bien ... — Que de fois n'ai-je pas dit : — *Voir Suzanne... — la voir et mourir...* — Dieu m'a écouté... je vous vois, et je meurs... merci, mon Dieu... merci...

Et il retomba en arrière.

La religieuse appela au secours.

Les médecins accoururent.

Mais ils ne pouvaient plus faire qu'une chose pour Léonard, — c'était de constater sa mort.

§

Ce soir-là, *Sœur Suzanne* pria longtemps pour le pauvre jeune homme inconnu, — sans savoir que celui-là aussi était mort pour elle et par elle.

FIN.

TABLE

DES CHAPITRES DU SECOND VOLUME.

PREMIÈRE PARTIE.

LA CHASSE AUX CHIMÈRES.

	Pages
Chapitre XXXVI. — Le manuscrit...................	5
— XXXVII. — Au foyer.......................	15
— XXXVIII. — Le pistolet sur la gorge..........	24
— XXXIX. — 10, rue de Lancry	31
— XL. — Avant la lecture................	39
— XLI. — La lecture aux artistes..........	47
— XLII. — Déception	57
— XLIII. — Les éditeurs...................	65
— XLIV. — Le roi de l'in-octavo	74

DEUXIÈME PARTIE

MADEMOISELLE SIMON.

Chapitre I. — La maison de la rue de Paris à Belleville.....................	89
II. — Les deux filles du commandant....	95
III. — Le Chevalier de Maison-Rouge....	103
IV. — Trois viveurs.................	111
V. — Conversation	120
VI. — Un pari	127
VII. — Un groom.....................	136
VIII. — Les douze articles..............	144
IX. — Maison à louer.................	153
X. — La chanteuse..................	162

TABLE.

		Pages
Chapitre	XI. — La fenêtre	170
—	XII. — Stratégie	179
—	XIII. — Le second jour	187
—	XIV. — Berthe et Suzanne	197
—	XV. — Le troisième jour	205
—	XVI. — Correspondance	214
—	XVII. — Suites d'une correspondance	224
—	XVIII. — Le récit de Mariolle	232
—	XIX. — Les deux billets	240
—	XX. — La malade	248
—	XXI. — La malade (suite)	256
—	XXII. — Le rendez-vous	265
—	XXIII. — Un dévoûment inutile	274
—	XXIV. — Le pari perdu	283

ÉPILOGUE.

L'HOTEL-DIEU.

		Pages
Chapitre	I. — Coup-d'œil en arrière	293
—	II. — Léonard et Suzanne	302

FIN

F. AUREAU. — IMPRIMERIE DE LAGNY

www.ingramcontent.com/pod-product-compliance
Lightning Source LLC
Chambersburg PA
CBHW060405170426
43199CB00013B/2014